Dans la série **Enfances** / *Initiation*

Dr Jacques Chazaud	Précis de psychologie de l'enfant
Dr Myriam David	L'enfant de 0 à 2 ans
Dr Myriam David	L'enfant de 2 à 6 ans
Michelle Erena, Marie-Claude Lacrosaz, Gérard Bastien, Nadine Decourt	Lire à la maternelle
Dr Pierre Galimard	L'enfant de 6 à 11 ans
Dr Pierre Galimard	L'enfant de 11 à 15 ans
Mireille Lescure	Psychologie de la première enfance
Claude Lorin, Patricia Demachy	La psychologie de l'enfant à la portée de tous
Jacqueline Peugeot	La connaissance de l'enfant par l'écriture
Dr Ginette Raimbault	L'enfant et la mort
Michel Rota	Communiquer avec l'enfant
	18-25 ans : la postadolescence et ses problèmes
Aletha Solter	Mon bébé comprend tout
Aletha Solter	Comprendre les besoins de votre enfant
J.P Thomasset	Accueil et éveil du jeune enfant
Judith Wallerstein, Joan B. Kelly	Pour dépasser la crise du divorce

0 à 2 ans

DU MÊME AUTEUR

L'enfant de 2 à 6 ans, Privat, nouvelle édition 1990.

Le placement familial. De la pratique à la théorie, E.S.F., 1989.

Ouvrages en collaboration

Loczy ou le maternage insolite, CEMEA-Scarabée, 1973.

Séparations de la naissance à la mort, E.P.E., Privat, 1976.

Enfants confiés, in *L'enfant et sa santé*, Doin, 1987.

Les modes de garde des enfants de 0 à 3 ans, E.S.F., 1987.

Dr Myriam David

0 à 2 ans

Vie affective et problèmes familiaux

Privat

ISBN 2 7089 1076 0

Table des matières

Introduction

Dans ce livre, nous avons cherché à présenter les différentes phases du développement affectif au cours des six premières années de la vie, telles qu'elles nous sont révélées par l'observation du comportement de l'enfant.

Les enfants sont sans cesse en mouvement, ils crient, pleurent, rient, jouent, font quantité de choses. Nous les observons avec joie, plaisir ou irritation. Mais savons-nous assez que la qualité des activités de l'enfant dépend autant de ses sentiments que de son niveau de développement, que par ses activités il exprime ses sentiments et enfin que de l'évolution de ses sentiments dépend son adaptation future ?

La psychologie génétique et la psychanalyse ont fait tout un ensemble de découvertes fondamentales à ce sujet. Elles nous permettent de mieux saisir la signification du comportement de l'enfant et de mieux comprendre ses expériences affectives et leurs influences sur le développement de sa personnalité.

Cette meilleure compréhension peut être utile à tous ceux qui professionnellement sont chargés de veiller au bien-être des enfants et sont désireux de créer des conditions favorables à leur épanouissement.

A travers des observations quotidiennes que chacun peut faire, nous avons montré comment et pourquoi les expériences affectives de l'enfant au cours des premières années sont conflictuelles. Comment les parents sont au centre de l'existence de l'enfant et à la source même de ces conflits. Comment il les éprouve et peut réagir à leur égard, sa conduite et son comportement lui servant à la fois à les exprimer et à les résoudre. A quel point il est dépendant de l'affectivité de ses parents. Comment, enfin, les conflits peuvent être un facteur dynamique de développement et de maturation ou au contraire d'étiolement et de destruction selon que l'enfant peut y apporter ou non une solution favorable.

C'est volontairement que nous n'avons pas traité de façon systématique les divers problèmes de l'enfance ; nous avons préféré les évoquer au fur et à mesure qu'ils se présentent à l'enfant pour montrer comment ils s'intègrent dans son développement général et contribuent à l'évolution de sa personnalité.

Nous avons aussi délibérément laissé de côté l'exposé théorique du développement et de la structuration de la personnalité, cherchant plutôt à rendre accessible à chacun et utilisable dans la vie de tous les jours la compréhension du comportement de l'enfant.

1.

Le nouveau-né durant les premières semaines

Si l'on observe attentivement et longuement des nourrissons âgés de quelques jours, on voit que leur vie est partagée entre un état de paix et de sommeil et des périodes de tension. Suivant les enfants, ces périodes de tension sont plus ou moins soudaines, brutales, longues et fréquentes, mais tous sont incapables de se soulager seuls et on les voit à cet égard complètement dépendants des adultes qui les entourent.

Etat de paix

Le sommeil du nourrisson nous communique une profonde impression de paix. Tel on l'a posé, tel on le retrouve, couché sur un côté, avant-bras et jambes fléchis, poings fermés. Cette impression de calme, nous la recevons parfois aussi du nourrisson éveillé : seule, l'ouverture des yeux témoigne qu'il ne dort pas. Il reste, en effet, parfaitement immobile, le regard fixe, la respiration à peine perceptible. Les quelques petits mouvements qu'il fait avec sa bouche ou ses doigts ne suffisent pas à rompre l'impression générale de calme et d'immobilité. Il donne l'impression d'un état de demi-conscience auquel s'ajoute souvent, plus ou moins vite, un caractère « d'extase bienheureuse » dont il est difficile de dire cependant si c'est là le sentiment du nouveau-né ou le sentiment de l'adulte qui le regarde.

Périodes de tension

Puis soudain le tableau change. Le bébé devient l'objet d'une agitation désordonnée : il se contorsionne, se contracte, grimace, tantôt se ramassant sur lui-même, tantôt s'étirant ; il semble souffrir, être la proie d'un malaise et faire des efforts maladroits et inefficaces pour l'éliminer.

Toute cette agitation est pénible pour qui l'observe : l'enfant semble se débattre contre une souffrance qui l'envahit tout entier. Il peut se calmer subitement après quelques secondes, tombant dans un état d'immobilité qui précède de peu le sommeil, ou, au contraire, après quelques instants de calme, reprendre ses contorsions. Celles-ci peuvent se reproduire plusieurs fois avant que ne soit émis un cri contracté, poussif et expiratoire qui a peine à sortir et qui semble être l'ultime aboutissement de ces efforts. Une lutte se livre en l'enfant ; elle se termine soit par quelques autres cris isolés, ultérieurement suivis de vagissements continus, soit par un retour, spontané ou non, au calme.

Ce qui provoque l'agitation

Qu'est-ce qui provoque cet apparent désarroi ? Il semble bien que ce soit un ensemble de sensations dont l'existence est totalement insupportable.

Survenant plus ou moins longtemps avant la tétée et calmées seulement par celle-ci, ces sensations semblent alors liées à la faim. D'autres fois, survenant après la tétée, elles peuvent être le fait de coliques ou d'une susceptibilité sensorielle du tractus digestif ; ou encore, survenant sans cause apparente, provenir de sensations diffuses et profondes liées à une insatisfaction de ses besoins (contact, succion, changement de position, etc.).

L'agitation et le désarroi semblent parfois liés à la perception confuse et globale du monde ambiant qui vient troubler l'état de sommeil et de semi-inconscience. La perte de cet état semble être douloureuse pour le bébé autant que les sensations qui l'ont provoquée.

Par exemple : « A l'âge de 3 semaines, Dominique pleure si on met un anneau ou un hochet devant ses yeux. »

Moyens d'apaisement

L'attitude instinctive de toute mère devant les cris du nouveau-né est de chercher à l'apaiser et à le rendormir. Elle lui caresse le ventre, le prend dans ses bras, le berce, le change de position, chante ou simplement le regarde et lui parle. Ces gestes sont de nature à apaiser l'enfant. Il se calme, se tait, semble y trouver un bien-être et se rendort ; ou bien cet apaisement n'est que passager, ne suffisant pas à éliminer pour longtemps les sensations de faim, si telle est la cause profonde du réveil.

Dans ce cas, c'est *l'alimentation* qui va amener de façon définitive l'apaisement et qui va permettre au nouveau-né de sombrer à nouveau dans le sommeil et la paix.

L'alimentation

L'alimentation est l'acte le plus important de la vie éveillée du nourrisson. C'est là la première expérience positive de la vie de l'enfant ; pour quelques minutes il a l'occasion de refaire unité avec sa mère ; moulé, enfoui en elle, il déploie pour téter une activité toute réflexe et non volontaire sans doute, mais *coordonnée, qui atteint son but*, lui permettant de recevoir en lui l'aliment réconfortant.

Pendant le repas il y va de toute sa personne. Il paraît entièrement absorbé par la tétée ; il transpire, sa couleur change, ses poings sont crispés contre sa poitrine ; souvent, à mi-chemin, il s'arrête, paraît épuisé, ses yeux chavirent ; il semble prêt à sombrer dans le sommeil ; mais si l'on retire le mamelon de sa bouche il se met de nouveau à téter hâtivement jusqu'à ce que le repas soit terminé. Il est alors apaisé, immobile, ses yeux se ferment. Remis au lit, tantôt il est repris par une courte période de malaise, malaise dont on peut se demander s'il est lié à des phénomènes digestifs ou au fait de quitter le contact intime de sa mère ; tantôt il reste quelque temps calme et éveillé, le regard plus ou moins fixe et vague se perdant généralement dans le sommeil.

Pendant les premiers jours les périodes de sommeil sont souvent longues. La mère doit parfois réveiller le bébé pour les tétées et le stimuler pour qu'il ne se rendorme pas.

Attitude psychologique du nouveau-né

Pendant ces premières semaines, l'enfant est dans un état de « nébuleuse psychique » qu'il nous est difficile de nous représenter. Il ne connaît rien du monde qui l'entoure, objets et personnes. Il n'a aucune notion ni du temps, ni de l'espace ; il vit seulement dans le présent, ne peut ni prévoir, ni se souvenir ; il ne se distingue pas du reste du monde. Il lui faudra longtemps pour savoir ce qu'est son corps, pour en distinguer les diverses parties, savoir qu'elles sont à lui, font partie de lui. Il est l'objet de sensations diffuses de bien-être, ou de malaise. Entièrement absorbé en lui-même il est dans un état de « tout ou rien » : tantôt le bien-être semble l'envahir dans sa totalité ; tantôt le malaise a ce même caractère de malaise total, insupportable, que son organisme, à travers ses contractions, cherche à éliminer.

Ses efforts à cet égard demeurent souvent infructueux ; il n'arrive généralement pas à se soulager seul : pour y arriver il dépend totalement de sa mère. Son unique besoin, à cet âge, est de recevoir ce qui lui permet de retrouver le bien-être et la paix. A cet âge, il n'y a pas de bon ou de méchant bébé. Un bébé « méchant », c'est-à-dire qui pleure beaucoup, qui mange peu et qui dort mal, est un enfant qui souffre et l'on ne peut que chercher à calmer la tension dont il souffre.

Passivité, repli sur soi, dépendance sont les trois profondes tendances psychologiques du nouveau-né.

2.

De 1 à 8 mois : l'éveil à la vie

Les premiers jours, les périodes de sommeil sont très longues ; peu à peu les moments de tension, de contraction, de pleurs, ont tendance à prendre plus de place. L'enfant bouge de plus en plus lorsqu'il est éveillé, mais il continue à donner une impression de vide psychique.

Peu à peu, il émerge de cet état d'inconscience, sa capacité à percevoir des fragments de lui-même et du monde qui l'entoure s'accroît. Il semble devenir attentif à certaines sensations, en prendre conscience ; fragments par framents il découvre ce qui existe en lui et hors de lui et il apprend à en différencier les divers éléments.

Qu'il s'agisse du développement de ses possibilités motrices, de la découverte de son corps, de son intérêt pour les objets environnants, de sa perception des soins maternels, l'enfant pendant ces quelques mois *passe d'un stade où il « subit » la vie sans en avoir conscience, à un stade où il prend conscience de ce qu'il subit, y devient attentif, en éprouve plaisir et déplaisir.*

L'enfant et sa mère

C'est à travers l'alimentation et les soins du pouponnage que l'enfant prend peu à peu connaissance de sa mère et du monde qui l'entoure. De ce contact émerge progressivement une image de sa mère en même temps que se précisent et s'intensifient les sensations de plaisir liées à sa présence.

1. Pour l'enfant ce premier contact se fait par la bouche et par le contact physique quand sa mère le nourrit, le porte, le serre contre elle ou le manipule.

Au début, la tétée a un caractère presque réflexe qui semble à peine faire émerger le nouveau-né de son état de semi-inconscience ; assez vite elle prend un caractère actif et semble être la source d'un profond plaisir. Pendant la tétée il paraît entièrement introverti, absorbé par l'effort de la succion et centré sur les sensations internes liées à l'alimentation. Sans doute à ce moment ressent-il sa mère comme une sensation diffuse de bien-être, « quelque chose » que la bouche tète en même temps qu'est reçu un afflux de sensations chaudes, envahissantes ; comme quelque chose qui apparaît à des moments de tension douloureuse et qui apaise.

2. Au plaisir intense et paroxystique de la tétée succèdent de courts moments où l'enfant semble sortir de lui-même et devenir « réceptif » à ce qui l'entoure. Il semble regarder, écouter, être « attentif ».

Assez vite, il arrive à fixer, dévisager, scruter le visage humain (1 mois). Il semble en extase, parfois essaye un sourire dont on ne sait encore s'il est adressé « aux anges » ou à sa mère. Peu à peu ce vague laisse de plus en plus place à des manifestations non équivoques de plaisir qui s'extériorise par un vrai sourire (4 à 8 semaines).

A qui s'adresse ce sourire ? Sûrement pas à sa mère ni au monde tels que nous les voyons, mais à ce qu'il peut en distinguer, en sentir, à ce qui provoque en lui ce sentiment de plaisir et de bien-être : un visage, un sourire, le son de la voix, une caresse, un mouvement de tête, etc.

A la faveur du bien-être qui suit la tétée il semble s'ouvrir à la connaissance de ce monde dont il fait partie et qu'il commence à découvrir avec plaisir, à aimer. Morceau par morceau, il fait connaissance avec diverses parties de sa mère : sein, lait, bras, visage, voix, etc. – il les perçoit isolément, comme il perçoit sa propre main, la lampe, le bord du berceau, sans différencier ce qui est lui de ce qui est hors de lui, autre que lui.

Pendant les deux premiers mois ces moments sont brefs (cinq à vingt minutes) et l'enfant est vite envahi à nouveau soit par des sensations de malaise qui le font pleurer, soit par l'inconscience et le sommeil.

3. Cependant, la tétée revenant régulièrement, l'enfant commence à la reconnaître, à la prévoir quelques instants avant qu'elle ne se produise, et à en profiter plus consciemment et activement.

Vers l'âge de 8 semaines, il se tait au moment où on baisse les barreaux de son lit ; son expression attentive, puis d'expectative, montre qu'il anticipe déjà le plaisir qu'il va avoir. Vers 3 mois, à la vue du sein ou du biberon, son regard brille, il ouvre la bouche et tète par avance, cherche volontairement et gloutonnement le sein. Vers 4 mois, il avance la tête pour atteindre la tétine du biberon. Entre 5 et 6 mois, tout son corps se tend vers le biberon ; quand il l'aperçoit il cherche à le tenir ; il joue activement avec le sein.

Comme l'écrit Suzan Isaac : « La bouche n'est pas seulement pour l'enfant un moyen d'obtenir de la nourriture, mais le premier moyen de connaître le monde hors de lui-même. Pendant longtemps tout ce que sa main touche est amené à sa bouche... Non seulement il mange, mais il pense avec sa bouche ». C'est avec sa bouche qu'il fait connaissance. « On peut voir aussi qu'il aime avec sa bouche. » Il n'est que de le regarder jouer de ses lèvres, de sa langue, avec le sein maternel qu'il suce sans vraiment boire. Comme son expression change lorsqu'il le perd, comme il le recherche avidement, est prêt à protester, à se raidir, à crier ; comme il tète gloutonnement quand il le retrouve !

Vers 5 ou 6 mois les mains se joignent à la bouche, la manipulation et la succion de ce qu'il voit et aime deviennent une source majeure de plaisir. A cette époque il profite très consciemment de l'alimentation.

4. En même temps, l'enfant jouit intensément de la situation, ajoutant au plaisir même d'être nourri celui du contact étroit avec sa mère.

Le repas est presque toujours suivi de quelques instants de fatigue où il semble mou et indolent. Il se laisse aller complètement dans les bras de sa mère. Mais, après une ou deux éructations, il s'anime et un échange de plus en plus intense s'établit entre eux.

En effet, peu à peu sa mère n'est plus seulement appréciée à travers l'alimentation mais aussi pour elle-même. Le plaisir de l'entendre, de la voir, d'être dans ses bras, s'il est né du plaisir de l'alimentation, devient un plaisir en soi.

On sait l'espèce d'extase avec laquelle l'enfant boit des yeux le visage de sa mère, y guette les expressions qui le feront sourire. On sait aussi avec quelle rapidité il est attentif au son des voix.

Il semble qu'il soit tendu vers sa mère dans l'attente du plaisir que sa seule présence va lui apporter.

Il est impossible de séparer ici l'émotion du bébé de celle de la mère. Il s'instaure, en effet, une espèce de jeu de miroir entre l'enfant et la mère :

> « Madame R... est penchée sur Michel ; lui, tout affentif à elle, la fixe avec intérêt ; elle le regarde avec attendrissement, sourit doucement, le chatouille un peu, siffle, fait quelques petits bruits ou grimaces. Michel tend la tête en arrière, sa bouche se plisse tandis qu'elle guette le petit son qui cherche à sortir : heû... heû. La mère ravie rit, le félicite, l'imite, l'encourage à recommencer, insiste, hoche la tête ; tout son visage est tendu vers le bébé qui fait un premier sourire, un deuxième, et qui bientôt frétille de contentement. »

Le plaisir de ces jeux prolonge la satisfaction de la tétée ; à travers eux la mère, tout instinctivement, aide son enfant à prendre conscience des diverses parties de son propre corps. Elle prend ses deux petits poings tendus et les tape l'un contre l'autre, ou contre son visage, elle chatouille ses joues, ses cuisses, son ventre, elle l'embrasse, le caresse, etc.

Il y a là tout un échange d'émotion entre mère et enfant : la mère stimule, donne, et lui reçoit, absorbe avidement, puis en retour exprime sa joie à sa mère. C'est ainsi que le plaisir de l'enfant à boire, à être éveillé, à voir sa mère, est énormément augmenté, sinon créé de toutes pièces, par la réponse émotionnelle de la mère aux manifestations d'éveil et de bien-être de son bébé. Cet échange intense de mère à enfant est en soi source de stimulation et de progrès. La mère, heureuse d'avoir un enfant, le stimule et le protège tout à la fois ; elle cherche à obtenir le sourire, l'expression de joie, de satisfaction, et c'est cette attitude donnante et stimulante de la mère qui, en accroissant le plaisir de l'enfant, le rend plus avide encore de regarder au dehors et d'accueillir le monde. Il éprouve là non seulement un apaisement, mais une expérience positive, chaleureuse et stimulante à laquelle il répond de façon semblable. Au sourire, l'enfant répond par le sourire, à l'amour il répond par l'amour.

On voit comment le plaisir d'abord exclusivement physique, lié à l'alimentation et aux sensations diffuses de contact, évolue vers un plaisir affectif, comment le plaisir du bien-être devient amour, amour encore totalement « narcissique » qui demeure fonction du plaisir et du bien-être qu'il procure à l'enfant. On comprend comment cette première expérience *est à la source de l'éveil affectif, de la capacité d'aimer et d'être ouvert aux expériences nouvelles*.

*
* *

Au fur et à mesure que l'enfant progresse, les périodes de veille s'allongent et deviennent de plus en plus intéressantes, tant pour le bébé qui semble y déployer toute son énergie vitale que pour les parents qui le soignent et observent ses progrès avec fierté et amour.

Le réconfort apporté par les soins maternels, la répétition des expériences, la maturation neurologique contribuent tous trois à permettre au bébé d'émerger du chaos de l'inconscience et de se tourner vers le monde ambiant.

Les progrès psychomoteurs : motricité et activité

Au cours des trois ou quatre premières semaines l'enfant bouge sans paraître en être conscient. Ces mouvements incoordonnés et involontaires sont dus à l'immaturité du système nerveux pyramidal. Assez rapidement cependant, il semble devenir capable de fixer avec attention : le vide, le plafond, un visage, un objet dans la ligne de son regard. Si l'intérêt est intense, l'enfant tend à s'immobiliser, mais jamais très longtemps.

Cette *immobilisation* en réaction à une sensation visuelle, tactile ou auditive, devient pour le bébé une source de plaisir et de réconfort. Son expression, en effet, devient douce, rêveuse, attentive, presque souriante (six semaines).

Assez rapidement il devient capable de faire appel à une immobilité posturale pour se calmer et s'endormir.

> Par exemple : « Michel, à 2 mois ½, quand il s'agite et pleure, tourne la tête fortement sur le côté droit et s'immobilise, se retrouvant dans une pose toujours la même : la tête tournée à droite, l'avant-bras gauche fléchi sur le bras, tandis que le pouce droit trouve la bouche. Le geste se reproduit comme un automatisme bien réglé. L'enfant paraît raidi dans

cette position. La succion est intense, le reste du corps parfaitement immobile. Puis on sent la tension décroître, la succion devient plus paisible, s'arrête, les muscles se détendent, le regard devient vague et se perd dans le sommeil, à moins qu'un mouvement involontaire, une sensation quelconque, peut-être le simple fait de « sombrer », ne le réveillent en sursaut et ne le fassent pleurer. Alors il fait de nouveau appel à cette posture réconfortante. »

Bientôt le bébé semble capable de rester éveillé et rêveur plus longtemps, tout en gardant cette pose ; à la faveur de cette immobilité il découvre un jour une posture qu'il aime beaucoup : il raidit un de ses bras, lève en l'air, droit devant lui, son poing bien fermé et le maintient ainsi parfaitement immobile ; on le sent attentif, il respire à peine.

Quelques jours plus tard, ce poing se trouve par hasard dans la ligne du regard et l'enfant le fixe, le découvre, semble intéressé. Assez vite il arrive à le suivre des yeux. Les mouvements incoordonnés qui déplacent le poing restent livrés aux hasards de l'action prédominante du système nerveux extra-pyramidal, mais regarder le poing, le suivre du regard dans ses déplacements hasardeux, devient un jeu passionnant qui peut durer plusieurs minutes jusqu'au moment où l'enfant fatigué s'agite et grogne à nouveau.

De plus en plus souvent il sait faire appel à ce jeu et bientôt il arrive à déplacer le poing à volonté, d'une façon coordonnée, tout en le suivant des yeux d'un air ravi. Pendant ce temps, le reste du corps est abandonné à des mouvements inconscients et incoordonnés.

Bientôt l'enfant est capable d'expérimenter le même plaisir avec l'autre bras, puis avec les deux à la fois. On peut le trouver alors étendu à plat dos, ses deux poings en l'air, le regard intensément fixé dessus. Il les rapproche et les éloigne de ses yeux, se fait « loucher » dessus jusqu'à ce que, fatigué, il se laisse aller à une mobilité diffuse et incoordonnée.

Il semble commencer à devenir également conscient de sa mobilité et y trouver un certain plaisir : il peut, en effet, rester de trois quarts ou bien à plat dos, le regard au plafond, battant l'air de ses mains, avec une expression ouverte et animée (2 à 3 mois) ; la vue d'un visage ou d'un objet qui l'intéresse le fait bouger davantage et déjà on prévoit l'apparition d'un frétillement actif (3 mois ½ à 4 mois), intentionnel et coordonné, s'accompagnant d'une respiration accélérée et de l'émission de sons mieux formés.

Son intérêt pour les objets apparaît nettement. Il sait les découvrir, étant maintenant capable d'orienter son regard vers une chose qui se trouve dans la périphérie de son champ de vision. Jusque vers deux mois il ne sait pas tenir un objet ; mais vers 3 mois, si on met un hochet contre sa main, celle-ci s'entrouvre spontanément et, maladroitement, se referme dessus. Il est capable de le tenir mais il n'a pas l'air de le savoir ; il ne le voit pas : le hochet suit les mouvements involontaires des bras jusqu'au moment où il est accidentellement lâché. A 3 ou 4 mois il devient capable d'apercevoir le hochet qu'il tient et, enfin, de le suivre du regard dans ses déplacements. Il s'amuse bientôt à l'agiter, le bruit que fait le hochet s'ajoutant au plaisir de frétiller. Ce n'est qu'un peu plus tard, entre 4 et 5 mois, qu'il sait prendre l'objet qu'on lui tend.

De même, laissé à lui-même dans son berceau, il commence, entre 3 et 4 mois, à s'intéresser à un hochet suspendu dans son lit ou à un boulier tendu en travers. Longtemps il ne fait que le regarder, puis un jour, par accident, sa main le heurte et l'agite ; ceci se reproduit de plus en plus souvent jusqu'au moment où il est capable de maintenir sa main en contact avec une boule, de la prendre, de la tâter, de la lâcher, de la retrouver, de la palper, mais cela sans regarder. Son regard est occupé ailleurs, à voir une autre boule, ou le plafond, tandis que le reste du corps paraît livré à l'anarchie de mouvements incohérents et que l'autre main est oubliée parfois dans une posture qui peut être maintenue très longtemps.

> « Paul, 2 mois ½, pendant une demi-heure, tient de sa main gauche la ficelle de son boulier. Il semble avoir complètement oublié cette main, tandis que, de l'autre, il palpe une boule, tout en regardant le plafond. A le voir on dirait qu'il y a trois Paul qui n'ont aucune connexion les uns avec les autres : Paul, main gauche, tient ce fil sans le savoir ; Paul qui regarde ailleurs au hasard ; le troisième Paul, main droite, joue à prendre, lâcher, taper une boule. »

L'enfant n'a de lui-même comme du monde qui l'entoure qu'une conscience fragmentaire, morcelée : les diverses parties sont, au début, sans rapport entre elles. Cette prise de conscience parcellaire des diverses parties de son corps et de leur possibilité fonctionnelle correspond aux premières ébauches de structuration de la personnalité.

Ce n'est que peu à peu, au fur et à mesure que se poursuivent les progrès de coordination, que ces fragments se joignent pour aboutir à une unité.

Entre 6 et 7 mois, l'unité oeil-main-bouche est établie : tout objet vu par l'enfant est saisi immédiatement avec les deux mains et porté à sa bouche.

Vers 6 mois l'enfant découvre ses pieds, comme il a découvert ses mains, la possibilité de les bouger à volonté, de les prendre et de les porter à sa bouche. Le jeu constant de l'enfant devient de s'exercer à voir, prendre, porter à la bouche, sucer et mordre, lâcher et perdre, puis chercher et retrouver, etc.

Les progrès psychomoteurs : évolution des postures

L'évolution de l'enfant sur le plan postural enrichit continuellement les activités que nous venons de décrire.

En effet, l'état de contracture qui prédominaît à la naissance diminue progressivement. Dans son lit, il peut prendre spontanément des poses qui augmentent ses possibilités d'action – par exemple il abandonne sa posture tonique réflexe sur le côté et peut rester à plat dos, tête droite mobile (3-4 mois).

Puis, il devient capable de se déplacer dans son lit, par hasard d'abord, volontairement ensuite. Il se met sur le côté, en arc de cercle, perpendiculaire à son lit, plus tard il se met sur le ventre, etc.

En même temps, il découvre la station assise. Contrôlant de mieux en mieux la tenue de sa tête, il aime rester assis, si on le maintient (4-5 mois), puis se tient assis (6-7 mois) ; il devient très expert à cette gymnastique et bientôt la position assise lui est aussi naturelle que la position couchée (8-9 mois).

Vers 4-5 mois il n'est pas rare que l'enfant découvre la joie d'être mis sur ses pieds ; il supporte gaillardement une fraction de son poids, mais il est loin de contrôler la station debout, qui prendra toute son importance vers 10-12-14 mois.

Ce jeu de postures combiné à son jeu manuel est une source de plaisir inépuisable pour l'enfant. Il s'y mêle le passionnant jeu de langage qui naît de ses progrès moteurs et de ses contacts humains.

Les progrès psychomoteurs : langage

Il en est des sons comme des mouvements. D'abord sortis de l'enfant malgré lui, il en prend peu à peu conscience et semble éprouver un grand plaisir à les entendre jusqu'au moment où il arrive, à sa grande joie, à en produire à volonté de plus en plus différenciés et modulés.

> « Michel, vers 2 mois ½, commence à s'entendre lorsqu'il s'ennuie et qu'il grogne. Il est midi et quart, Michel a terminé son biberon depuis trois quarts d'heure. Il a d'abord joué avec un boulier, puis, se tournant vers la droite, il semble prendre sa pose habituelle de sommeil et grogne en même temps. Aussitôt son regard s'anime, devient attentif à ce son. Il s'immobilise avec une expression intéressée – mais le son a disparu, Michel gémit et se tourne. A nouveau il s'entend et paraît content. Ceci se produit quatre ou cinq fois de suite. Il est amusant de voir que le gémissement, qui exprimait un malaise, devient en lui-même une source d'intérêt qui le fait taire et le distrait. Puis, sans que leur émission ait encore un caractère très voulu, ces sons perdent leur qualité gémissante pour devenir un gazouillis que Michel, les yeux fixés au plafond, écoute avec ravissement. Il est de nouveau tout à fait éveillé, content, et il va jouer ainsi un bon quart d'heure avant de s'endormir. »

Bientôt les bruits sont non seulement entendus par l'enfant mais émis à volonté et il en produit toute une variété, difficile à décrire : ils varient dans leur forme, dans leur tonalité, dans leur intensité ; il utilise toute cette variété à la fois comme un jeu plein d'intérêt et comme un moyen d'expression de ses états d'âme. C'est ainsi qu'heureux de voir sa mère, il lui adresse tout un langage qui déjà commence à avoir un caractère d'échange, ou tout au moins de jeu en miroir : l'enfant fait un son, sa mère l'imite, l'enfant le reproduit.

Tout à son ravissement et à son excitation, il pousse des petits cris de joie qu'il utilise, d'une part, pour s'amuser, car il en éprouve la force, et, d'autre part, pour appeler, car il s'aperçoit bien vite qu'ils font lever les yeux de l'adulte amusé.

Puis il pousse aussi ces cris quand il commence à s'énerver, il les utilise pour protester, semble-t-il, puis on les entend dégénérer en plainte ; ils peuvent se terminer en pleurs qui prennent, eux aussi, toute une variété de tonalités.

Nous voyons que dans tous ces domaines *l'enfant est sorti de ce stade premier où il subissait passivement les expériences ; maintenant il en prend conscience, en tire grand plaisir et commence à les rechercher activement lui-même.*

3.

De 1 à 18 mois : attitude psychologique

Toute cette période est caractérisée par le besoin d'éliminer tout ce qui est désagréable et de rechercher des sensations de plaisir. L'enfant y arrive par des moyens divers selon son niveau de développement et selon les moyens qui lui sont offerts.

Déplaisir – pleurs – rage

Pendant les premiers mois, bien que l'enfant s'éveille, le plaisir qu'il en tire reste encore fluctuant. Entre les courts moments d'intérêt et de jeu, il est repris par un sentiment de malaise contre lequel il continue à mal se défendre. Il recherche la paix dans sa position de sommeil, mais s'il échoue il se met à pleurer.

Les pleurs, cependant, deviennent eux aussi plus conscients et perdent le caractère de « vagissements » ; l'enfant semble pleurer délibérément et au plus fort de ce qu'il peut.

« Prenant appui sur ses talons, Michel, 2 mois, se tord violemment ; il est tout rouge ; mais l'effort rageur qu'il fait semble l'exaspérer davantage et les cris s'intensifient ; ses poings viennent au-devant de sa bouche, mais il les suce à peine, paraît furieux ; ses mains labourent son visage ; souvent alors il se griffe ; continuant à se tordre, il arrive à se déplacer et sa tête se trouve appuyée contre les barreaux de son lit, ce qui fait redoubler ses pleurs. Tout son corps est tremblant, son visage est bouleversé. Si on le laisse attendre trop longtemps, le soulagement apporté n'est pas reconnu, tant il paraît envahi par son désarroi, « démoli » par lui. »

En effet, l'enfant qui ne sait pas encore prévoir, ni se souvenir, ne peut que se sentir totalement atteint et abandonné à son mal ; il ne peut que hurler rageusement et désespérément. Ce n'est que très progressivement, au fur et à mesure qu'il est capable de se distraire, de s'habituer à un certain rythme, qu'il apprend un peu à se consoler seul.

Vers 3 mois, il ne pleure plus seulement quand il est mal à l'aise, mais lorsqu'il perd ce qu'il aime, ce qui lui fait plaisir. A la fin de la tétée, par exemple, il pousse un cri strident de déception en même temps que son visage exprime un brusque désespoir. Il lui arrive de pleurer aussi quand on le pose dans son lit. De même, il pleure quand sa mère le quitte ou cesse de s'intéresser à lui. Ces pleurs de déception prennent une tonalité toute nouvelle s'accompagnant d'une mimique tout à fait caractéristique.

« Paul, 3 mois ½, est étendu dans son lit, il joue à regarder, à gazouiller. Sa mère coud, assise près de son lit. Paul se met à la regarder intensément, puis émet un son qui a un caractère plaintif et fait lever les yeux de sa mère. Celle-ci le regarde et joue un peu avec lui. Elle reprend son travail et, chaque fois qu'elle baisse la tête, après quelques instants Paul émet des petits sons plaintifs qui se terminent en pleurs si elle ne s'occupe pas de lui. »

Entre 3 et 5 mois l'enfant semble pleurer moins depuis qu'il a appris à jouer seul. Mais dès qu'il s'en lasse il repleure intensément et ces pleurs prolongés deviennent pour la mère l'indication que l'enfant s'ennuie, a besoin d'elle. Lui, de son côté, commence à pouvoir prévoir, se souvenir, et savoir que sa mère va venir, si bien que, entre 6 et 8 mois, il devient de plus en plus actif et conscient dans sa façon d'utiliser ses pleurs pour l'appeler.

Fuite du déplaisir, recherche du plaisir

1. Au début de la vie, le plaisir est presque exclusivement lié à l'alimentation et à la succion, lorsqu'il disparaît il ne reste que l'inconscience et le sommeil, ou un état de tension. L'enfant fuit cette tension dans la recherche du sommeil ou dans la succion de son pouce qui est, à ce stade, un moyen d'introversion, de retour en soi, d'apaisement.

« Michel (1 mois ½), remis au lit après son biberon, pleure presque toujours quelques instants. Il s'agite, se contorsionne, puis, trouvant son pouce, le suce intensément ; il semble faire le vide en lui, ses yeux deviennent inexpressifs, son regard ne semble pas voir, mais être tourné en dedans, et il finit par s'endormir. »

« Paul, même âge, après son biberon, paraît tout à fait satisfait. Il est complètement immobile ; ses yeux sont ouverts, son regard lointain finit par s'embuer et ses paupières se ferment d'un seul coup. »

« Jean s'agite de droite et de gauche, puis se tordant en arrière il prend son pouce, s'immobilise et s'endort. »

2. Cependant, peu à peu, comme on l'a vu, l'enfant devient beaucoup plus conscient des plaisirs et des déplaisirs de la vie éveillée. Il développe joie et amour pour tout ce qu'il perçoit, tout ce dont il prend conscience quand il se sent heureux et envahi par le bien-être ; il éprouve de la rage pour tout ce qui est associé à malaise et sensation de déplaisir.

3. Cette joie et cet amour sont stimulants pour lui. A l'occasion de la tétée et de l'échange émotionnel qui la suit, il s'anime, développe de l'intérêt pour les jeux de motricité, la découverte de son corps et des objets à sa portée immédiate, faisant chaque jour quelque progrès. Laissé à lui-même, s'il a été satisfait, il peut continuer à jouer un peu jusqu'à ce qu'il s'endorme.

> « Paul, 3 mois, est généralement satisfait après son biberon. Il est d'abord dans le vague, puis remis dans son lit il commence à jouer longuement à regarder son boulier, ses mains. Il peut ainsi rester sagement éveillé pendant trente à soixante minutes avant de s'endormir. »

4. En l'absence de plaisir ou lorsque celui-ci est épuisé l'enfant pleure puis cherche le sommeil.

> « Michel, 2 mois ½, élevé en pouponnière, n'est pas satisfait après son biberon. Remis au lit il pleure et bientôt hurle rageusement et désespérément. Le contact physique, les sons, la vue d'un visage le calment aisément, mais les occasions où cela se produit sont forcément rares.
>
> « Entre 2 et 3 mois ½, Michel a appris à se consoler seul. Chaque fois qu'il est remis au lit après le biberon il pleure un peu. Mais, dès qu'il commence à pleurer, il tourne sa tête fortement à droite et suce son pouce avec frénésie jusqu'à ce qu'il s'endorme. Cependant, entre 2 mois ½ et 3 mois, Mi-

chel n'a plus tellement sommeil. En apparence, pour qui ne l'observe pas de très près, c'est un enfant qui est sage et dort gentiment d'un biberon à l'autre. Cependant, si on reste près de lui, on voit que, pendant la période qui sépare deux biberons, Michel ne dort que de façon superficielle et intermittente. A chaque instant il se réveille mais aussitôt fait appel à sa pose et à la succion, recherchant le sommeil ou un état de vide psychique, ses yeux restant ouverts. Son jouet ne l'intéresse pas ; regarder ne l'intéresse pas.

« Par contre, si on va près de lui, si on le regarde, si on lui sourit, il change complètement d'attitude, il s'éveille tout à fait. Il s'anime, est très intéressé par les petits jeux, et ainsi stimulé il ne montre plus le moindre signe de sommeil. »

5. En effet les soins maternels affectueux favorisent l'extraversion du bébé, son éveil à la vie et ses progrès psychomoteurs ; en même temps s'éveille un plaisir à voir sa mère, à être avec elle ; il la désire, il l'aime, et le prix inévitable de cet amour est la naissance d'exigences, de caprices, et de rages si ces exigences ne sont pas satisfaites.

« A l'âge de 3 mois ½, quelques jours après son retour chez lui, Michel éprouve la joie de la présence prolongée, fréquente et stimulante de sa mère, de son père, de son frère et de sa soeur : son pouce et la pose de sommeil ne l'intéressent plus, sauf lorsqu'il a vraiment besoin et envie de dormir. Quand il est éveillé, il veut être avec eux et le manifeste en pleurant. »

« Dans les quinze jours qui suivent son retour à la maison, Michel devient plus capricieux, plus exigeant, il pleure quand il s'ennuie, mais en même temps il fait d'énormes progrès. Il y a un éveil d'intérêt tout à fait remarquable pour qui l'a connu quinze jours plus tôt : il découvre son boulier, joue de longs moments avec, et joue aussi éperdument avec ses vocalisations. »

L'absence de stimulation affective suscite des réactions diverses, comme le montrent les observations d'enfants de ces âges élevés en pouponnière.

Nous avons vu Michel se réfugier dans le sommeil.

« Dominique, lui, après avoir beaucoup crié et pleuré, reste éveillé de longs moments : il ne fait rien, ne s'intéresse à rien, ne sourit pas si on va près de lui ; son regard bleu d'acier est impénétrable, il suce son pouce vigoureusement et parfois regarde son poing. »

« Paul, également élevé en pouponnière pendant les trois premiers mois de son existence, connaît lui aussi une période de quinze jours environ où la veille est douloureuse. Il pleure désespérément, mais personne ne vient. Paul cherche à dormir, il fait appel à une immobilité posturale, mais le sommeil ne vient pas et les pleurs reprennent, désespérés, jusqu'au jour où à la faveur de cette immobilité il découvre la joie de voir, puis de regarder ; il ne tarde pas alors à jouer avec ses mains, son boulier, et acquiert une grande habileté manuelle ; sa coordination main-oeil fait des progrès quotidiens. On sent qu'il aime son lit, y retrouve des poses diverses, sources d'intérêt. Il est capable alors de jouer de longs moments seul. »

Dans ce cas le plaisir de l'activité et du jeu est né non dans un élan d'amour, mais pour se défendre d'un sentiment de malaise et de désarroi.

« Lorsque à 3 mois ½ il rentre chez lui, la perte de son univers habituel semble complètement l'annihiler. Son expression est misérable ; son gazouillis disparaît, faisant place à des gémissements plaintifs intermittents. Il n'utilise plus ses mains et perd complètement la faculté de se distraire. Il ne trouve guère de réconfort dans la présence de sa mère et mettra longtemps avant de profiter du contact maternel. »

Il semble que le changement ait détruit le mécanisme que Paul avait su bâtir à l'aide de sa motricité pour soulager, tout seul, les tensions et l'ennui qui l'assaillaient. Mais, ayant déjà orienté son affectivité vers les objets et le jeu, il ne semble pas trouver de compensation équivalente dans les contacts humains.

A travers ces exemples on peut voir que, dans cette recherche de plaisir et cette fuite du déplaisir, l'enfant, selon ses tendances propres d'une part, selon les occasions qui lui sont offertes d'autre part, peut soit continuer à s'absorber en lui-même et rechercher le sommeil, soit trouver une activité de jeu avec des objets ou son propre corps, soit encore réclamer des contacts humains. En général, dans un milieu familial, l'enfant a recours à ces trois moyens à la fois, en proportions variables. On voit comment l'absence de la mère ou sa présence, le degré et la forme d'attention qu'elle donne au bébé, sont des facteurs déterminants importants dans son éveil, dans l'orientation première de son affectivité et dans les modalités de développement de sa personnalité.

Acquisitions nouvelles

Si nous essayons de résumer ce qui vient d'être dit, nous voyons que, dans sa recherche instinctive d'apaisement et de satisfaction, l'enfant fait de nombreuses acquisitions pendant ces premiers mois :

1. A travers l'alimentation, le plaisir physique de la tétée et du pouponnage, son affectivité s'éveille : un désir de présence et de contact avec la mère naît, forme élémentaire d'amour. Cet amour est encore totalement narcissique, égocentrique, fonction du bien-être éprouvé par l'enfant.

2. A la faveur de cet éveil affectif se produit une extraversion progressive, l'éveil d'un intérêt pour tout ce qui est hors de lui, une prise de conscience encore fragmentaire de lui-même, de sa mère, du monde ambiant ; puis une unification progressive de cette image morcelée première qu'il a du monde.

3. Un certain nombre de rapports s'établissent entre ce qu'il voit et ce qu'il touche (espace) ; entre la perception du mouvement et la prise de conscience de l'action (découverte de : je fais) ; entre ce qui est en lui et ce qui est l'autre ; entre le tout de suite et le plus tard (temps).

4. Enfin, si l'enfant ne reçoit pas ce qu'il sent confusément vouloir, il pousse des cris qui traduisent sa rage, son anxiété, son désespoir, son anéantissement. Il cherche le réconfort dans la succion et le sommeil d'abord, parfois, ensuite, dans l'activité.

Pendant toute cette période, physique et psychique sont encore peu différenciés. La maturation neurologique et les soins maternels permettent l'éveil affectif ; l'éveil affectif favorisant l'utilisation des fonctions motrices contribue à leur développement. Les joies ou les difficultés, qu'elles soient d'origine physique ou psychique, retentissent sur la totalité de la personne.

On voit donc comment l'enfant dont les besoins sont satisfaits peut ressentir les expériences de la vie éveillée comme bienfaisantes et en retour éprouver des sentiments positifs d'amour ; comment au contraire, si ces besoins ne sont pas satisfaits, il peut ressentir ces expériences comme malfaisantes et concevoir à leur égard négativisme et rage. De là découle l'importance de ces expériences premières, l'importance également du désir et de la capacité de la mère à faire de la vie éveillée une expérience positive en éliminant de son mieux les troubles dont tout nourrisson a inéluctablement à souffrir.

4.

De 1 à 8 mois : conditions nécessaires à l'épanouissement

Trois conditions essentielles président à l'épanouissement harmonieux de l'enfant : 1) *son intégrité organique* ; 2) *la satisfaction de ses besoins* ; 3) *un climat émotionnel favorable.*

Intégrité organique

C'est un point évident et bien connu sur lequel il n'est pas besoin d'insister.

Rappelons seulement que toute anomalie physique perturbe profondément l'éveil de l'enfant à la vie : elle peut créer des retards et des troubles dans le développement de l'affectivité lorsque la mère n'arrive pas à trouver des moyens de compensation à cette souffrance ou ces insuffisances.

Satisfaction des besoins

Les bébés semblent plus ou moins bien doués pour aborder la vie extra-utérine. Certains semblent n'avoir aucune difficulté : ils dorment paisiblement entre les tétées, tètent activement, s'adaptent aisément.

Ces bébés font la joie de leurs parents ; déjà l'adulte tend à attribuer une valeur morale à cette facilité et chacun de s'extasier en admirant combien il est gentil, sage, facile : bref, une bonne nature.

Pour d'autres il n'en est pas ainsi. Les périodes de paix sont courtes et les moments de contraction fréquents ; l'enfant paraît souvent souffrir et être insatisfait. Sans doute, y a-t-il là, en l'absence de troubles organiques, une susceptibilité individuelle particulière qui rend la vie éveillée plus douloureuse, plus pénible aux uns qu'aux autres. Dans ce cas, il nous faut devenir attentifs pour comprendre la particularité et la qualité des besoins de ce nouveau-né et comment ils peuvent être satisfaits. Les pleurs ou les troubles divers sont en effet témoin d'un malaise et le bébé dépend totalement de nous pour le soulager. Nous envisagerons successivement : *a)* la routine alimentaire ; *b)* le besoin de succion ; *c)* le besoin de contact ; *d)* les pleurs.

a) Routine alimentaire

Les progrès de la diététique ont déjà beaucoup amélioré la vie du nourrisson. Grâce à l'établissement de régimes qui conviennent, tant par la quantité que par la qualité et par le rythme des tétées, les pédiatres ont beaucoup facilité la tâche des mères, les aidant à établir une routine alimentaire qui convient à leur bébé.

L'établissement d'une certaine « routine » est utile en effet tant pour la mère que pour l'enfant.

Elle permet à la mère d'organiser sa vie par rapport à celle de son enfant et lui apporte une plus grande sécurité dans les soins qu'elle lui donne. Elle est nécessaire à l'enfant : elle lui permet, entre autres, de prendre conscience de la durée et du temps, d'apprendre qu'il peut attendre et espérer un soulagement et, par là, elle contribue à diminuer l'intensité de la frustration.

Cependant, si beaucoup de bébés semblent satisfaits et s'adaptent aisément aux régimes standardisés, quelques-uns y résistent.

Le Dr Alldrich a insisté sur le fait que les enfants n'avaient pas tous le même appétit et que celui-ci pouvait varier pour un même enfant selon les heures de la journée. Si on laisse les nourrissons qui ne s'adaptent pas au régime prescrit libres de la quantité qu'ils désirent boire et de la fréquence des tétées, ils ne tardent pas à trouver leur rythme ; une routine finit par s'établir ; elle peut s'écarter plus ou moins des normes habituelles.

Beaucoup de mères le savent intuitivement : elles adaptent d'elles-mêmes le régime prescrit et trouvent le rythme qui convient à l'enfant. D'autres, cependant, mal informées, moins sûres d'elles, plus dépendantes des conseils de leur entourage, plus anxieuses, peuvent désirer à tout prix que le bébé se conforme aux prescriptions et, en dépit des pleurs prolongés ou des difficultés de sommeil, veulent absolument imposer leur rythme à l'enfant, créant ainsi des troubles qui viennent encore augmenter les difficultés de celui-ci.

La routine, tout en étant indispensable, ne peut être utile que si elle est adaptée à chaque enfant.

b) La succion

Si l'enfant a besoin d'un régime stable et bien réglé, il a également besoin de sucer et de téter ; il y a là pour lui une source de plaisir en soi, une source de satisfaction qui s'ajoute au plaisir propre de l'alimentation et qui lui est nécessaire. Un repas trop rapide, par exemple, enlève au nourrisson ce plaisir et, bien qu'ayant reçu une quantité d'aliment suffisante, il peut se sentir insatisfait ; après le repas il continue à sucer, à pleurer, à manifester un malaise. Mal comprises, ses protestations peuvent entraîner des changements intempestifs de régime qui, loin d'apaiser le bébé, augmentent son malaise et peuvent être à l'origine de difficultés alimentaires.

> « Par exemple, Madame X... a une petite fille âgée de trois semaines. Elle a appris, dit-elle, avec son premier enfant à ne pas respecter trop exactement les régimes prescrits. Elle pense qu'on voit bien si l'enfant a ou n'a pas assez. Cependant elle est déroutée par sa petite fille qui n'est pas satisfaite quelle que soit la quantité donnée. L'enfant supporte d'ailleurs de boire des quantités énormes pour un si jeune bébé (130 grammes), mais en rejette ensuite une bonne partie.
>
> « Mme X... décrit l'avidité de sa petite fille, l'intensité de sa succion et la rapidité avec laquelle elle engloutit le lait ; quand le repas est terminé, elle continue à téter, à chercher désespérément, ce qui conduit Mme X... à lui donner davantage ; l'enfant est d'ailleurs, dit-elle, en train de trouver son pouce et quand elle y arrive cela l'endort. »

Il semble bien que cette mère ait besoin d'être informée du fait que le besoin de succion de l'enfant n'est pas la même chose que le besoin d'alimentation : elle saura alors prolonger la durée du repas en faisant des trous plus petits à la tétine, ou elle trouvera un moyen ou un autre pour que le besoin de succion de l'enfant soit satisfait.

c) Le contact humain

L'enfant a besoin de contact humain. Il a besoin d'être porté, tenu, caressé, entouré, enveloppé, stimulé.

Ce besoin de contact varie sans doute d'un enfant à l'autre ; d'aucuns s'en passent plus facilement que d'autres : certains semblent apprécier plus ou moins les différentes formes de contact qu'on peut leur offrir, mais tous semblent satisfaits d'en profiter à condition qu'on sache trouver celle qu'ils aiment.

> « Michel, dont nous avons parlé à plusieurs reprises, pousse bien, digère bien, mais il pleure beaucoup pendant les deux premiers mois. Quand il termine son biberon et qu'on le remet au lit, il reste calme quelques minutes, puis très vite paraît mal à l'aise, se tortille et crie. Parfois les cris se prolongent pendant la plus grande partie du temps qui sépare deux tétées. Il n'arrive pas à trouver le sommeil bien qu'il suce frénétiquement son pouce entre les accès de pleurs. Cependant, dès qu'on lui caresse la main ou qu'on le regarde, il se tait ; si on le porte un peu, il a l'air en extase – et à plusieurs reprises on constate que, si on lui procure cette satisfaction de contact pendant vingt à trente minutes, Michel s'endort ensuite sans difficultés et son sommeil a un caractère paisible qui ne lui est pas habituel. »

Là encore il n'y a pas de règles précises. Que l'enfant ait besoin de contact ne veut pas dire qu'il en ait besoin tout le temps ou chaque fois qu'il pleure. Plus encore que pour la routine alimentaire, il y a un dosage propre à chaque enfant.

d) Les pleurs

Pleurer est-il un besoin chez l'enfant ?

On entend parfois dire que pleurer constitue une bonne gymnastique respiratoire pour le bébé. Les opinions varient à cet égard. Il semble que l'on puisse dire que « les pleurs » et les « cris » sont utiles à l'enfant pour exprimer une sensation de malaise et s'en débarrasser.

Tous les enfants pleurent un peu. Laissés seuls, il leur arrive de se consoler et de se rendormir. Si les cris n'ont pas duré trop longtemps, si l'enfant ne s'est pas rendormi par épuisement mais a vraiment su mettre fin à ses cris, ceci a la valeur positive d'une acquisition qui mérite d'être prise en considération.

Au contraire, si les cris se prolongent et que l'enfant se laisse envahir par son désarroi, il est incapable de le surmonter. Il ne peut en résulter qu'un sentiment d'anéantissement suivi d'une envie d'échapper à la vie éveillée. En effet, l'enfant « cède », s'endort, mais ceci ne peut avoir aucune valeur constructive dans son développement. Il se replie sur lui-même, ou, comme Michel, cherche le sommeil au lieu de s'intéresser au monde qui l'entoure.

Climat émotionnel

Beata Rank insiste beaucoup sur le fait que ce qui influence avant tout l'épanouissement de l'enfant et son orientation affective, c'est le « *climat émotionnel* » dans lequel il se développe, c'est-à-dire la qualité, la forme de l'affectivité de ses parents. C'est leur affectivité qui les inspire dans la façon de soigner l'enfant, de le tenir, de le porter, de l'allaiter, de le prendre ou de le laisser pleurer ; c'est elle qui conditionne la qualité des gestes de la mère.

Hélène Deutsch a écrit :

> « Une des caractéristiques essentielles de la mère jeune accouchée est sa capacité à se donner à cet enfant, sans en attendre rien d'autre en retour, que la joie de son existence et de son bien-être. »

On connaît la fierté de la mère devant son nouveau-né, à quel point sa capacité d'attention et d'observation est développée, quel plaisir elle éprouve devant chaque manifestation de vie ou chaque expression de satisfaction de l'enfant, son inquiétude première devant ses pleurs.

C'est de cette joie d'avoir un enfant, de cette envie de le voir se développer et s'épanouir que lui vient ce don tout intuitif de savoir transformer l'alimentation et le pouponnage en une source de plaisir qui favorise l'éveil à la vie ; de là lui vient sa capacité à sentir les besoins de son enfant et à y répondre, ceci très souvent malgré un manque notoire de connaissances préalables à ce sujet. *La capacité maternelle d'une femme dépend davantage de ses sentiments que de ses connaissances.*

Le climat émotionnel dans lequel vit l'enfant est donc fait avant tout des « sentiments » des adultes à son égard, sentiments qui sont largement responsables de la qualité de leur conduite.

Les travaux de Beata Rank et de ses collaborateurs sur les enfants « à développement atypique » (psychose infantile) ont montré le rapport possible entre le morcellement de la personnalité de l'enfant et les troubles profonds du contact entre mère et enfant ; les mères de ces enfants sont incapables d'établir un contact réel avec eux à la naissance et pendant les mois qui suivent. Eux, en retour, présentent des difficultés de contact et gardent une vision morcelée du monde et d'eux-mêmes.

De même, un climat émotionnel stérile parce qu'inaffectif retentit profondément sur le développement de l'enfant. On sait le retard considérable de développement et les troubles profonds de l'affectivité pouvant survenir chez les enfants élevés constamment dans l'ambiance affectivement stérile de certaines pouponnières (Spitz, Bowlby, Aubry).

Dans certains cas, les mères semblent avoir des difficultés à créer autour de l'enfant un climat émotionnel favorable à son développement.

Les causes de ces difficultés sont très variables : qu'il s'agisse de difficultés matérielles socio-économiques écrasantes, de la maladie de l'un des parents, de la crainte d'une hérédité défavorable, de problèmes conjugaux actuels, présents ou passés, de traumatismes récents ou anciens non surmontés (mort d'un enfant précédent par exemple), de difficultés affectives liées à des conflits affectifs anciens non liquidés, d'immaturité affective, etc. ; nous ne pouvons nous y arrêter ici.

Tous ces problèmes peuvent être à l'origine de sentiments d'insécurité, de culpabilité, d'anxiété, de refus de l'enfant, sentiments qui absorbent les mères et amoindrissent, s'ils ne suppriment totalement, leur disponibilité et leur réceptivité vis-à-vis de leur enfant, les rendant incapables de sentir les besoins de celui-ci et d'avoir avec lui un échange émotionnel salutaire.

C'est alors qu'elles adoptent des attitudes diverses. Les unes, hyper-anxieuses, surprotègent l'enfant, ne lui permettant jamais de pleurer, ne le laissant jamais seul. D'autres à l'opposé s'enferment dans une routine rigide et stérile, donnant les soins consciencieusement mais sans amour et sans joie. D'autres sont profondément agacées et énervées et confient les soins à d'autres personnes. Certaines, maladroites, totalement perdues, auront constamment recours aux conseils, adoptant toujours le dernier. D'autres encore sont incapables de les utiliser ; en dépit de tout conseil elles affament l'enfant par peur de le voir mal digérer, ou le gavent, ayant le sentiment qu'il a toujours besoin de plus. Les unes ont peur de se laisser déborder ; les autres se laissent complètement absorber en dépit de toutes les connaissances qu'elles peuvent avoir et de tous les conseils qu'on peut leur prodiguer.

Dans tous ces cas ce n'est pas un manque de connaissance qui gêne la mère pour donner à l'enfant ce dont il a besoin et pour créer autour de lui un climat émotionnel favorable à son développement ; ce sont ses sentiments à son égard, son affectivité.

Toutes ces difficultés en effet sont la conséquence des « problèmes » de la mère ; c'est en essayant de les comprendre, en les discutant avec elle, en l'aidant à y faire face, qu'on l'aidera à devenir disponible à son enfant.

On comprend donc que, lorsque le pédiatre, l'assistante sociale ou l'infirmière visiteuse sont en présence d'un enfant qui a des difficultés de développement, ils se trouvent dans une situation où de multiples facteurs peuvent jouer. Ils ont, en effet, à discerner si l'enfant souffre de troubles organiques ou s'il n'est pas satisfait dans ses besoins fondamentaux. Dans ce dernier cas, s'agit-il d'un manque de connaissance de la mère, s'agit-il d'un enfant spécialement difficile à satisfaire et peut-on aider la mère à rechercher les moyens de répondre à ses besoins ; ou encore s'agit-il d'une mère dont les difficultés personnelles paralysent la sensibilité vis-à-vis de l'enfant ? Si dans les premiers cas les conseils sont utiles, dans cette dernière éventualité ils sont stériles et nous montrent la nécessité de recourir à des formes spécialisées d'aide.

5.

De 8 à 14 mois : le sevrage

Dans les mois qui suivent, l'enfant ne se contente plus de *subir* et de *percevoir* mais devient progressivement de plus en plus actif. Tout à la joie de la découverte de son moi, du monde et de sa mère, il établit avec eux un rapport *actif* et *possessif* que nous retrouvons dans tous les domaines de son existence : motricité, alimentation, rapports avec l'adulte. Il se tourne ainsi progressivement vers de nouveaux plaisirs, se détache des anciens. Cette période, qui se situe très approximativement entre 8 et 14 mois, représente un tournant dans le développement de l'enfant qui, de passif et « subissant », va devenir « agissant ». Sa dépendance vis-à-vis des adultes reste aussi grande mais change de caractère ; son éveil affectif le rend *avide* de contact ; il ne se contente plus de « recevoir », il *recherche*, *demande, exige*. Son avidité, ses exigences se heurtent forcément à des limitations.

Alors débute un lent processus de « séparation » de l'enfant d'avec sa mère, qui se manifeste à la fois sur le plan alimentaire à l'occasion du sevrage, et sur le plan psychique lorsque l'enfant devient plus conscient qu'il est distinct de sa mère.

Acquisitions : relations avec la mère

L'enfant est capable maintenant de rester éveillé de longs moments et de jouer seul dans son parc ou dans son lit. Cependant, dès qu'il voit sa mère, un sourire apparaît et son visage s'éclaire.

Il ne se contente plus de la contempler dans une espèce d'extase passive, il se tend vers elle, il veut être pris (7 mois). Il veut la toucher, il tend sa petite main vers son visage, il touche sa bouche, ravi de se faire embrasser la main (7 mois). Lorsqu'elle le porte, il essaye de faire pénétrer son doigt dans sa bouche ; il saisit sa joue à pleine main et tire ; il lui pince le nez, essaye de lui enfoncer les yeux (10 mois). Il découvre avec excitation ses cheveux où il perd sa main, et qu'il peut tirer ; il précipite sa tête contre celle de sa mère, l'enfouit dans son cou et s'y câline, il commence à apprendre à embrasser, sa bouche ouverte s'écrase contre la joue maternelle qu'il mouille, ou même qu'il mord avec une parfaite bonne conscience à moins que sa mère ne l'en empêche. Alors il pense que c'est un jeu, il rit et recommence. Ce jeu est souvent accepté par la mère qui l'empêche de lui faire mal tout en lui laissant la joie de ce contact intime. Souvent en riant elle le traite de vilain et le laisse recommencer puis l'arrête en détournant son attention.

La morsure a une valeur positive libidinale, c'est une marque d'amour : le bébé a un plaisir physique à mordre, et tout naturellement il mord ce qu'il aime comme il a sucé et tété ce qu'il aimait. Il en est de même quand il pince ou tire les cheveux. Tous ces actes, qui peuvent être ressentis comme une agression parce qu'ils font mal, sont pour l'enfant de cet âge un plaisir de contact. Vers 8, 10 mois l'enfant recherche activement ce contact physique dont il a profité passivement auparavant et cette recherche active il la fait avec tout son corps, y compris sa bouche et ses premières dents.

Ici encore on ne peut séparer la réaction de l'enfant et celle de sa mère. Celle-ci éprouve un plaisir intense à ce contact intime, elle aussi le recherche et le provoque. Bien souvent ses sentiments sont proches de ceux de l'enfant quand, impulsivement, elle le « dévore » de baisers et fait semblant de le manger à la grande joie du bébé.

Acquisitions : attitude vis-à-vis de l'alimentation

Pendant ces quelques mois l'attitude de l'enfant vis-à-vis de l'alimentation change. Il est devenu très conscient du repas et manifeste une joie active quand il le voit apparaître : il frétille, s'agite, s'impatiente si on le fait attendre. Il cherche à prendre son biberon, ne tarde pas à y arriver.

Toutefois, son plaisir à s'alimenter change sensiblement de caractère : le plaisir de mordre s'ajoute et se substitue peu à peu à celui de téter ; ceci s'accuse au moment où percent ses premières dents et où il éprouve cet « agacement » des gencives qui le pousse à mordiller avec frénésie. Il va découvrir le plaisir de sucer et mordiller un biscuit, un morceau de sucre, une croûte de pain. Mordre, mâchonner, avaler, se chargent d'un intérêt qui absorbe l'enfant bien autant que la tétée, indiquant qu'il est prêt à être sevré.

Pourtant il va garder encore assez longtemps son goût pour le biberon : ce qu'il aime dans son biberon c'est qu'il est à lui, qu'il peut le prendre, le lâcher, contrôler l'arrivée du lait en tétant, en mordant ou en léchant la tétine. Il peut avec son biberon donner satisfaction à son goût d'activité, de manipulation, qu'il ne peut encore exercer ni avec la tasse, ni avec la cuillère. Enfin son biberon lui procure des sentiments de réconfort, de sécurité, de chaleur dont il est loin d'être blasé.

Tout ceci explique les diverses attitudes que l'on peut observer au moment du sevrage : enfant qui s'excite joyeusement à la vue de son biberon, mais dont l'appétit est tout de suite tari, qui « joue » au lieu de boire ; enfant qui se « dégoûte » du biberon parce qu'on veut qu'il « tète », alors qu'il veut mordre ; enfant pas toujours prêt cependant à accepter la cuillère, parfois désorienté et déçu par ce nouveau mode alimentaire.

Acquisitions : développement psychomoteur

Lorsque l'enfant est réveillé il se montre de plus en plus actif et intéressé par ses activités ; il devient capable de jouer de longs moments seul. Ses progrès moteurs se poursuivent. La motricité incoordonnée disparaît et l'enfant achève de prendre conscience et connaissance de son corps.

Se redresser, s'asseoir, essayer d'atteindre les objets éloignés, se déplacer sont des jeux inépuisables. L'enfant y déploie une admirable patience. Un jeu constant est celui de la manipulation sans fin de tout objet à sa portée. Cette manipulation devient de plus en plus adroite et aussi de plus en plus possessive. Le geste instinctif, à cet âge, est de saisir et serrer contre soi l'objet convoité, de le regarder, de le porter à la bouche, de le sucer, de le mordre.

Puis l'enfant devient capable de lâcher les objets à volonté. Vers un an, ceci devient un jeu presque exclusif lorsqu'il est dans sa chaise ou dans son parc. Il prend, laisse tomber, regarde puis se désole de n'avoir plus rien. Là, il a besoin de l'adulte ; si celui-ci n'est pas là ou ne consent pas à ce jeu, il attend, il appelle d'un « eûh » joyeux, puis il s'impatiente et se débat rageusement, à moins qu'oublieux de l'objet perdu il ne joue à autre chose.

Enfin c'est l'âge où l'enfant commence à imiter les gestes de l'adulte et où il apprend à faire les marionnettes, « bravo », « au-revoir », et à les reproduire sur commande, à la grande joie et fierté de l'enfant et de son entourage.

Attitudes psychologiques de l'enfant

1. Toutes ces tendances actives et possessives procurent à l'enfant beaucoup de joie. Il en profite très consciemment. Etant capable de savoir, de se souvenir, il se met à désirer impérieusement ce qui lui fait plaisir :

Par exemple, devenu conscient du plaisir que lui procure sa mère, l'enfant désire ardemment sa présence. Il la connaît et la distingue des autres. Sa dépendance affective s'est développée et intensifiée ; elle est empreinte maintenant d'une certaine avidité qui le rend, lorsqu'il en est privé. malheureux, exigeant et un peu insatiable. Il aimerait maintenir indéfiniment ces jeux à deux ; il s'ennuie de sa mère lorsqu'elle n'est pas là, la désire ; lorsqu'elle est là il aime être sur ses genoux, il aime qu'elle s'occupe de lui, qu'elle lui ramasse et redonne cet objet qu'il a lâché. Il sait maintenant faire appel à elle en essayant par ses mines de la séduire, par ses pleurs de l'apitoyer, par ses cris et sa rage de la dominer.

2. Si elle ne répond pas à son appel, il est forcément triste.

En effet, au moment où il devient capable d'anticiper tout le plaisir que lui procure sa mère, où il la veut et la désire, c'est-à-dire où il l'aime avec une grande intensité, *il devient conscient des limites de cette attitude toute donnante de sa mère* ; de plus, il découvre qu'il n'a pas en lui la possibilité de toujours la faire venir. Ce sentiment doit être particulièrement aigu si l'on réalise que c'est l'époque où il commence, à travers ses progrès moteurs, à éprouver la joie de pouvoir faire. Alors qu'il commence à découvrir et à connaître la puissance, ce sentiment d'impuissance doit lui paraître intolérable ; il semble bien qu'il essaye de le compenser par la violence de ses cris.

Si les malaises ressentis pendant la période précédente sont de nature plus ou moins angoissante, le sentiment de *frustration* est un sentiment déjà plus évolué qui implique une différenciation entre soi et l'autre, que c'est la faute de l'autre, que c'est l'autre qui vous fait quelque chose. Cet autre peut être la mère, une autre personne ou un objet inanimé. C'est quelque chose hors de lui qui résiste à l'enfant, ce n'est plus quelque chose en lui qui est menacé. *A l'angoisse diffuse se substitue la rage, plus tard, à la rage diffuse, l'agressivité et l'acte agressif.* A cet âge l'enfant ne sait pas être agressif en réponse aux frustrations, il ne sait que rager. Il éprouve de la rage contre sa mère, mais il ne « l'agit » pas contre elle. S'il n'est pas consolé, il retrouve rapidement le sentiment angoissant d'être atteint, d'être détruit ; ses pleurs reprennent le caractère de pleurs impuissants, désespérés, entrecoupés de quelques sursauts de rage. Si l'on ne vient pas, ils se perdent dans le sommeil.

3. La frustration, si pénible soit-elle, est inévitable ; elle est même souhaitable, car elle a pour conséquence la différenciation progressive entre ce qui est « soi » et « hors de soi », entre « soi » et « l'autre ». Comme on le voit, le sevrage alimentaire est la première étape d'un sevrage plus général, d'un lent processus de séparation auquel l'enfant se heurte lorsque ce qu'il veut, aime et désire est hors de sa portée. Ce processus est forcément douloureux quand l'unité préexistante apportait tant de joie. Pourtant la séparation est prometteuse d'autres joies, d'autres plaisirs.

L'on conçoit que ce processus de sevrage ne se résolve pas simplement en quelques journées mais qu'il est une expérience complexe à laquelle l'enfant s'adapte plus ou moins vite selon sa nature, selon qu'il y est plus ou moins aidé. La progression de son développement physique, en lui donnant certaines possibilités d'autonomie motrice, va lui faire découvrir les joies compensatrices de l'autonomie entre 12 et 18 mois. Mais en attendant qu'il ait atteint ce stade, il y a pour l'enfant une période de difficultés, de crise, délicate à manier. En effet ses exigences sont la conséquence de son éveil affectif ; *son désir, sa volonté naissants* sont des éléments très positifs qui demandent à être encouragés ; ce sont aussi des éléments fragiles et, si cet éveil est trop douloureux, l'enfant démissionne. Une trop grande rigueur, de trop longues attentes par exemple, permettent d'obtenir des enfants sages, mais elles ont l'inconvénient d'amener l'enfant à renoncer à son élan affectif, à se satisfaire lui-même et à s'absorber en lui-même.

D'autre part il doit quand même renoncer, peu à peu, à sa volonté de toute-puissance si l'on veut éviter qu'il ne se développe en un petit être exigeant et despotique. Une trop grande sollicitude ne lui permet pas de surmonter ses sentiments vis-à-vis des frustrations et entrave sa maturation affective, l'empêche de prendre conscience et d'accepter cette réalité que sa mère et lui sont deux êtres distincts.

La mère et le sevrage : conditions favorables

Si les besoins de l'enfant sont satisfaits, si sa mère sait lui montrer les avantages de grandir, l'évolution se fera tout naturellement dans le sens du sevrage et de la maturation.

L'attitude de la mère vis-à-vis de tous les aspects du sevrage a une grande importance pour l'évolution affective de l'enfant et cette attitude dépend beaucoup des *sentiments* que la mère éprouve elle-même vis-à-vis de ce processus de séparation.

Une mère sensible aux besoins de son enfant, qui n'éprouve le besoin ni de le retenir à elle, ni de le rejeter, qui est émotionnellement capable de supporter la séparation, comprend le désarroi de son bébé et sait faire cet éloignement progressivement tout en prenant soin de mettre en valeur les plaisirs liés au sevrage.

Par exemple, sur le plan alimentaire : elle introduit la tasse doucement sans supprimer les tétées ou les biberons ; elle attend pour en diminuer le nombre que l'enfant manifeste du plaisir à boire à la tasse ; elle lui donne en main des morceaux de sucre, de gâteau, de jambon, de fromage, avec lesquels il joue et a le plaisir de faire un peu de gâchis.

De même en ce qui concerne « l'attente ». Sans doute le laisse-t-elle pleurer un peu, mais elle sait doser l'attente.

> « Michel, 8 mois, est réveillé et pleure. Sa mère va le voir. Michel crie de plus belle et lui tend les bras. Sa mère s'approche, lui sourit, lui parle, s'assied ; Michel se calme un peu, mais pleure encore ; sa mère lui montre son petit canard, Michel se tait ; sa mère fait un petit jeu avec le canard qui va becqueter Michel ; Michel rit et prend le canard ; il le regarde, le tape, le suce. Sa mère peut s'éloigner, préparer ses couches tout en lui parlant à distance ; elle lui montre le petit oiseau dans la cage, l'image sur le mur ; Michel est heureux, il joue ; sa mère sort, Michel continue à jouer sans s'en apercevoir. Puis il s'aperçoit que sa mère est partie, il s'y résigne, et rejoue un peu avec sa main ; puis il se lasse, sa figure se rembrunit. Sa mère réapparaît. Michel est rassuré ; mais maintenant il en a assez, il grogne, sa mère le soulève dans les airs à sa grande joie et en l'embrassant le félicite d'avoir su attendre si longtemps. »

Peu à peu, tout doucement, Michel apprend à se passer de sa mère, sans perdre pour cela le plaisir qu'il a avec elle.

La mère et le sevrage : conditions défavorables

Il est des mères qui éprouvent des difficultés vis-à-vis du sevrage, soit qu'elles veuillent le hâter, ou au contraire le retarder, soit encore qu'elles ne comprennent pas la nature des difficultés de l'enfant.

1. Par exemple, les exigences de l'enfant peuvent être ressenties comme une menace. La mère peut s'en protéger en se gardant d'un contact trop étroit avec lui, en le soumettant par exemple à un régime de semi-isolement. C'est ce qui se produit dans certaines pouponnières où le personnel évite de s'occuper de l'enfant entre les heures de soins, de façon à éviter l'apparition de ces exigences. Et, en effet, ces enfants sont des enfants sages, qui se passent de contact, qui trouvent leur plaisir dans des activités solitaires. On sait la gravité qu'il y a cependant à laisser se développer une indifférence affective. Passé un certain âge l'enfant ne retrouvera pas cette même capacité d'éveil affectif et, s'il arrive quand même à établir un contact, ce qui n'est pas toujours le cas, celui-ci garde un caractère appauvri et déformé.

2. Il y a des mères qui ressentent les exigences de l'enfant comme coupables : elles sont souvent elles-mêmes raisonnables, peu exigeantes, souhaitant que leur enfant soit ainsi, et ne devienne pas un enfant gâté. Prises par ces préoccupations et par le souci de se conformer à un code d'hygiène ou de morale, elles oublient qu'il s'agit d'une étape normale de développement, toutes à leur crainte que ces exigences ne dégénèrent en de mauvaises habitudes. Elles peuvent ainsi montrer une certaine rigidité vis-

à-vis de l'enfant et amoindrir son élan, l'inhiber. Elles peuvent montrer cette même rigidité envers les règles alimentaires et vouloir à tout prix supprimer le biberon parce que « à son âge ça ne se fait plus », sans réaliser l'importance passagère que le biberon peut avoir pour l'enfant.

Il supporte mal ces règles qui ne répondent pas à ses besoins. L'insatisfaction qu'il en éprouve peut créer chez lui des attitudes de protestation ou d'inhibition.

3. Il est des mères qui s'impatientent, ne supportent pas ces exigences, qui s'énervent, se fâchent.

> « Françoise, 7 mois, se réveille trop tôt et pleure ; sa mère est occupée et n'entend pas se déranger ; Françoise hurle. Sa mère agacée par ses cris monte voir ; elle essaye de la rendormir en lui donnant son biberon. Françoise le prend, tète et ferme les yeux ; sa mère part, les cris reprennent, sa mère plus agacée revient ; elle essaye de lui redonner le biberon ; Françoise, furieuse, le rejette ; elle sort Françoise de son lit, sans douceur ; son expression est tendue. Françoise se tait, se laisse faire ; quand elle se trouve étendue pour être langée, un geste un peu brusque de sa mère réveille sa détresse ; elle pleure. Sa mère n'y prend pas garde. Assise à nouveau Françoise s'arrête de pleurer. Une odeur de brûlé se fait sentir. Furieuse, la mère la plante dans son parc et se précipite vers la purée qu'il faudra recommencer. Toute la matinée la nervosité règne. Françoise grogne et retarde sa mère qui s'énerve de plus en plus et n'arrive pas à la satisfaire. »

Cette scène est fréquente, connue de toutes les mères. Mais pour certaines elle est occasionnelle, d'autres ne savent pas faire autrement.

4. Il en est enfin qui ont hâte que l'enfant progresse et qui semblent toujours souhaiter qu'il soit plus grand, plus avancé, plus indépendant. Elles le poussent constamment, voulant à tout prix lui faire faire ce qu'il n'est pas encore prêt à faire.

Dans tous ces cas les besoins de dépendances normaux ne sont pas satisfaits et comme toujours l'enfant va y réagir soit par une protestation, des pleurs, des exigences plus grandes, soit par le renoncement et une tendance à s'isoler. Il peut aussi réagir de façon isolée ou concomitante par des symptômes alimentaires ou par des troubles du sommeil.

5. A l'opposé, il y a des mères qui veulent garder l'enfant à elles, qui n'acceptent pas de s'en séparer. Elles continuent à donner longtemps le sein, parfois au-delà de 18 mois. Elles sont constamment avec l'enfant, interviennent à chaque instant dans ses exercices moteurs et, apitoyées par ses efforts ou effrayées par sa hardiesse, elles prennent l'habitude de voler d'emblée à son secours. De même, dès que l'enfant pleure, elles se précipitent, le prennent. Là encore l'enfant souffre car ses besoins d'activité ne sont pas satisfaits et il perd le goût de l'effort. De plus, il reste dans un état d'insécurité totale vis-à-vis des frustrations, n'ayant aucune possibilité d'apprendre à s'en défendre. Ces enfants deviennent, eux aussi, grognons, insatisfaits, bien qu'en apparence on leur cède tout.

6.

De un à deux ans : les besoins de dépendance affective

Entre un et deux ans, l'enfant continue à demeurer étroitement dépendant de sa mère sur le plan affectif : il aime être avec elle, lui montrer tout ce qu'il fait, avoir son admiration ; il la fait participer à toutes ses joies et à toutes ses peines.

En même temps son goût pour l'activité s'intensifie et change de caractère. L'enfant prend conscience de ce qu'il peut faire ; il acquiert une grande maîtrise de ses facultés motrices ; il peut déjà comprendre tout ce qui se passe autour de lui ; il sait prévoir la conséquence de certains de ses actes ; il comprend de mieux en mieux le langage. Toutes ces possibilités font naître en lui le désir de « faire » et de « faire seul ».

L'activité, la maîtrise de soi et de l'entourage, l'autonomie, deviennent des besoins psychologiques aussi pressants que l'étaient à la naissance les besoins de jeux, de passivité, de dépendance physique. Ces besoins d'activité et d'autonomie, nous les voyons s'exprimer dans tous les aspects de son existence : activité motrice, alimentation et éliminations, relations affectives avec les parents.

Cependant, dans tous ces domaines, les ambitions de l'enfant se heurtent constamment à des limitations et à des interdits. En effet ses nouvelles possibilités l'entraînent à désirer faire quantité de choses qu'il ne peut pas faire ou que sa mère n'admet pas. De plus, toutes ces nouvelles possibilités lui créent des obligations : obéir, être propre, bien manger, acquérir de bonnes habitudes. « Puisqu'il comprend et qu'il sait faire, il peut et doit être sage. »

En somme, ces nouvelles acquisitions vont créer pour lui l'obligation de « donner », s'il veut en échange recevoir de sa mère la satisfaction, l'approbation, les marques d'amour dont il a si grand besoin.

Contact physique

L'enfant a encore besoin de contact physique, il aime être dans les bras, porté, cajolé, câliné. Il aime retrouver cette union étroite en particulier lorsqu'il a joué et qu'il est un peu fatigué, lorsqu'il a besoin d'être consolé, lorsqu'il est malade, lorsqu'il va se coucher, etc.. ; dès qu'il tombe, ou qu'il lui arrive quelque malheur, ses bras se tendent vers sa mère, il appelle « maman » et il oublie son chagrin dans le contact intime et chaleureux que sa mère et lui-même savent si bien trouver et retrouver.

Il aime aussi être porté pour mieux voir, pour être grand, pour être à la même hauteur et voir « avec maman ».

Il aime aussi prendre possession des genoux de sa mère ; en particulier, quand elle mange, il entend y participer. Quand elle est occupée et qu'elle a l'air absorbée par d'autres occupations, il se rappelle à elle et tend les bras, souvent exigeant aux moments les plus incommodes. En effet, s'il se passe bien de sa mère et l'oublie même, quand lui est actif, il supporte encore très mal de la voir, elle, « prise ailleurs » ; il faut beaucoup de temps aux enfants pour ne pas ressentir l'activité maternelle comme refus, rejet, abandon, lorsqu'elle s'oppose à leur désir immédiat d'être pris.

L'enfant aura un besoin moins fréquent, moins pressant, de ce contact physique au fur et à mesure qu'il avance dans sa deuxième année et que ses possibilités d'autonomie, de jeux, augmentent. Cependant, pendant des mois, sa vie éveillée se partage en des allées et venues constantes entre les genoux de sa mère où il aime rester et le sol où il aime s'activer ; il montre une remarquable intolérance à ne pas être là où il veut. Lorsque, lassé de jouer, il demande « à bras », il ne supporte guère qu'on ne s'occupe pas de lui, pleure, exige ; par contre, au bout d'un certain temps, quelque chose à terre l'attire à nouveau et alors il se laisse glisser vers le sol. Si les bras maternels à ce moment-là le retiennent, comme il se raidit, se débat et grogne !

En effet, s'il aime être porté, cajolé, c'est à ses heures et à son rythme : il n'apprécie pas toujours les soudaines effusions maternelles qui interrompent ses jeux et ses exploits.

En réalité, les deux besoins de contact intime et d'autonomie coexistent en l'enfant et cherchent à trouver satisfaction en même temps. Un jeu qu'il aime beaucoup à cet âge exprime bien ce double désir : il se sauve aussi vite qu'il peut à quatre pattes, mais se retourne pour s'assurer que sa mère le regarde et il repart à toute vitesse quand elle fait mine de l'attraper. Un peu plus tard, le jeu de se cacher et d'être trouvé exprime le même plaisir.

Besoin de présence et de participation émotionnelle

L'enfant à cet âge a besoin de la présence de sa mère. En effet, il reste bien à jouer seul dans une pièce quelque temps, mais son activité s'épuise assez vite si elle n'est pas stimulée par la présence de sa mère et l'intérêt qu'elle lui porte. Il aime être dans ses jambes, la suivre dans ses allées et venues ; pouvoir avoir la joie de trotter au plus vite devant ou derrière elle, d'être avec elle.

Elle doit être le témoin constant de ses exploits. Il aime lui montrer tout ce qu'il fait, lui apporter des affaires, toucher aux siennes. Il veut qu'elle l'admire, lui sourit, acquiesce, qu'elle participe à toutes ses expériences. Ainsi naît un *désir d'échange* à partir duquel l'enfant accomplit de grands progrès dans l'art *de s'exprimer, de se faire comprendre*, par la mimique d'abord, puis par son jargon convaincu et par son langage.

Cette recherche de la participation émotionnelle de la mère est un don très précieux : l'enfant dans un élan d'amour spontané *donne* pour ainsi dire à sa mère tout ce qu'il fait ; il *partage* avec elle ses plaisirs, il *connaît la joie de donner pour susciter* le plaisir de sa mère et pour voir apparaître sur son visage cette expression de joie, de fierté et de contentement qui pour lui est le témoignage de son amour. Il cherche à provoquer ces manifestations d'amour maternel dont il avait jusque-là profité passivement. Cette recherche de plaisir à deux, ce désir de satisfaire l'autre, est le tout début des *sentiments altruistes*, bien que l'enfant le fasse encore de façon purement égocentrique pour le plaisir qu'il en tire. C'est à partir de ce désir de voir sa mère contente que naissent en lui l'envie d'être grand, d'être sage, et l'acceptation des « bonnes habitudes » des disciplines nouvelles.

Cet élan d'amour pour sa mère sous-tend son goût de l'activité ; il constitue la force dynamique qui pousse l'enfant à progresser. De la qualité et de l'intensité de ses sentiments dépend sa vitalité et plus tard sa capacité d'être donnant dans son amour. Que disparaisse la mère à cet âge, que l'enfant soit privé de son affection, nous le voyons, si celle-ci n'est pas remplacée par une autre affection, régresser, perdre le goût de l'activité, perdre son air épanoui et devenir, après une crise plus ou moins longue, apathique, indifférent, stéréotypé.

7.

De un à deux ans : les besoins d'autonomie

Nous avons vu que le goût, les plaisirs de la dépendance affective sont nés de la satisfaction, à travers la tétée, des besoins alimentaires. De même les besoins d'autonomie apparaissent avec l'établissement de la fonction sphinctérienne, dernière phase du processus de maturation du système nerveux pyramidal. Cette maturation donne en effet la possibilité à l'enfant de devenir autonome sur le plan moteur et fait naître en lui le goût et le désir de « contrôler », de « faire », « d'expérimenter ». Il cherche à prendre possession et à dominer son propre corps ainsi que tout ce qui l'intéresse.

Les activités de l'enfant

Pendant toute cette deuxième année l'occupation constante, le jeu favori, est l'exercice de la motricité.

On sait la joie mêlée d'inquiétude du premier pas (10 à 18 mois) suivi d'exploits de plus en plus hardis au cours desquels l'enfant s'exerce inlassablement à des jeux manuels et moteurs.

> « Michel, 15 mois, court tout en étant encore château branlant ; il ignore les obstacles et n'est capable ni de les prévoir ni de les éviter ; prendre, porter, transporter, poser, reprendre, essayer d'atteindre ce qui est haut, se tendre sur la pointe des pieds, grimper, redescendre, se cacher, se sauver, revenir, sont ses jeux incessants. Que d'essais, d'échecs, de recommencements ! Quel plaisir inlassable il y trouve ! Ses tentatives sont de plus en plus téméraires, son ambition se développe, ses succès l'encouragent. »

Toute cette activité va s'enrichissant, se diversifiant, s'organisant : l'enfant aime d'abord *toucher*, puis il aime *posséder*, il connaît le plaisir de tenir contre soi, *d'avoir bien à soi*, de pouvoir donner pour reprendre ; après un an ce jeu est inlassable.

> « "Tiens !...", et Michel vous donne d'une main son cube mais attend tout souriant qu'on le lui rende ; si on tarde, comme il cherche à le reprendre ! Au début il ne s'amuse que modérément et pas très longtemps du jeu taquin qui consiste à retirer l'objet dès qu'il le touche ; sa patience augmente au fur et à mesure qu'il devient plus expert et quelle joie quand il remporte la victoire ! »

Puis l'enfant ne se contente plus d'avoir, il veut *explorer* et *expérimenter*.

> « Michel tourne lui-même le bouton de la radio dont il a découvert qu'elle parle et qu'elle chante ; il joue à ouvrir les portes et surtout à les fermer en les claquant le plus fort possible, à manoeuvrer le bouton électrique, à ouvrir les boîtes, à les vider, à fouiller dans le miraculeux sac à main, à sortir la vaisselle du placard, etc. »

Vers la fin de la deuxième année, l'enfant commence à *construire*, mais pendant longtemps le plaisir de mettre en morceaux l'emporte sur celui d'assembler.

> « Michel, 2 ans et 2 mois, reçoit un petit train en bois entièrement démontable. Michel est ravi, il le retarde, l'admire, le montre à sa mère, le serre contre lui, le fait rouler. Puis il s'aperçoit qu'un morceau se détache – et, avec une grande concentration, un à un il détache chaque morceau. Lorsqu'il a terminé il prend deux morceaux, n'importe lesquels, s'amuse un long moment à les mettre ensemble et à les séparer. Puis se tournant vers sa mère il désire qu'elle reconstruise le train. Il est visiblement impatient, mais ne s'intéresse pas à la reconstruction. Le dernier morceau est à peine mis en place que Michel retire l'objet des mains de sa mère et, sans même le regarder, s'amuse à nouveau à le mettre en morceaux. »

Le langage est aussi un jeu favori et évolue considérablement. Le gazouillis du premier âge s'est transformé en un jargon des plus expressifs, au cours duquel l'enfant adresse des discours pleins de conviction aux objets ou aux gens, s'accompagnant d'une mimique telle qu'on croit presque le comprendre. Il semble découvrir les avantages du langage non seulement comme moyen d'expression mais comme moyen de domination des objets quand il arrive fièrement à les désigner et à les nommer, comme moyen de s'affirmer quand il arrive à dire « Non », « bébé veut », « veut pas », ou quand il nous invite verbalement à jouer avec lui : « viens », « à bras ».

En même temps et plus vite encore qu'il n'arrive à s'exprimer, l'enfant comprend et il a grand plaisir à exécuter des petites tâches qu'on peut lui demander. Cependant sa compréhension est aussi source de frustrations quand il comprend qu'on veut de lui ce qu'il ne veut pas faire et que sa compréhension le met dans l'obligation parfois de se conformer aux désirs des parents.

Valeur de ces acquisitions

Pour le petit enfant toute cette activité correspond à un besoin profond aussi prenant pour son organisme que le besoin de manger. Cette activité est source de plaisir. Il suffit, pour s'en rendre compte, d'entendre l'enfant jargonner, de le voir cherchant à se déplacer ou s'exerçant à monter et descendre des escaliers.

1. Cette joie de parler, bouger, agir, est pour beaucoup responsable des progrès rapides que font les enfants et de leur ingéniosité. Elle est un stimulant indispensable au développement normal de la motricité et du langage. Elle est à la source de la confiance en soi, de la naissance du goût de l'activité et du désir de la réussite.

2. Son activité est aussi pour l'enfant un moyen de connaître : d'une part, découverte totale par le corps de tout ce qui est autour de lui, découverte concrète, réelle et matérielle qui se passe de concept ; d'autre part, apprentissage de la prononciation puis de la signification du langage qu'il intègre par tâtonnements à son expérience concrète.

3. Par l'intermédiaire de ces exercices moteurs, l'enfant apprend progressivement à coordonner et à diriger son activité, à mettre en morceaux, à assem-

bler. Cet exercice de la motricité, qui offre des possibilités d'expérimentation précédant l'utilisation du raisonnement, ne représente-t-il pas les premières possibilités d'analyse et de synthèse ?

4. De plus, en nul autre domaine, l'enfant ne peut à cet âge satisfaire avec autant de joie et de sécurité son désir naissant d'autonomie. C'est là qu'il trouve les encouragements les plus pressants, les promesses les plus attirantes lui permettant de se détacher progressivement des besoins de dépendance. La conquête de l'autonomie sur le plan moteur est le meilleur stimulant pour le développement du goût de l'indépendance.

5. Enfin, l'activité motrice est également un domaine où l'enfant peut investir toute l'énergie vitale dont il déborde. Toute une partie de l'énergie libidinale et agressive trouve là un moyen d'utilisation lui permettant une satisfaction de ses instincts sous une forme acceptable.

Conditions favorables

Il est des parents qui savent favoriser au maximum l'épanouissement des capacités motrices du bébé et en comprennent intuitivement la valeur.

Ils sentent qu'il est important de lui offrir un champ suffisamment large d'expérience, de ne pas tout le temps le limiter ; de le prémunir contre les chutes dangereuses sans doute, mais pas contre toutes les chutes ; de retirer les objets dangereux tant qu'il ne peut pas les manier, mais de les lui laisser expérimenter en leur présence, de lui montrer comment faire plutôt que de lui interdire de faïre ; ils savent que l'objet le plus convoité est celui qui est hors de portée et que l'enfant n'a pas encore touché ; que le fait de l'avoir eu en main, avec l'aide de l'adulte, fait bien souvent tomber ce désir impérieux de le prendre quand l'adulte s'en va.

Sans doute se heurtent-ils, dans l'application pratique, à des difficultés et sont-ils obligés d'imposer des limitations. Cependant, ayant en vue l'importance de la liberté d'action pour le tout-petit, ils arrangent un peu l'intérieur en fonction de ses besoins ; ils font disparaître les objets fragiles, dangereux et tentateurs, ils réservent à l'enfant un coin où il est tout à fait libre, qu'il s'agisse de sa chambre, d'un coin de pièce commune, ou d'un parc. Là ils mettent à sa disposition une grande variété d'objets : petit banc, escabeau, boîte où il peut entrer ; gros objets qu'il peut pousser, renverser, qui lui donnent l'impression d'avoir accompli un grand exploit ; petits objets qu'il manie avec plus de minutie, des boîtes, de vieux sacs à main, de vieilles blagues à tabac remplies de cailloux, des récipients rappelant ceux utilisés par les « grandes personnes » ; objets pouvant s'emboîter, s'empiler, trous dans lesquels on peut enfiler les doigts, des bâtons, objets de consistance, de couleurs diverses, etc... – Les enfants aiment les babioles, les vieilleries ; ils aiment aussi ce qui est joli ou, tout au moins, ils apprennent très tôt à l'aimer.

A cet âge l'activité de l'enfant est encore très instable, son intérêt pour ses jouets aussi : il s'élance vers ce qui est nouveau et l'abandonne parfois assez vite ; mais, si on le retire et le lui redonne quelques semaines plus tard, il le retrouve avec joie. Ces parents le savent et procurent à l'enfant variété et changement.

Conditions défavorables

Par contre il n'est pas toujours facile de répondre à ce besoin d'activité et d'exploration.

Il peut être difficile de tolérer le bruit et l'agitation que cela crée, surtout lorsque les conditions de logement sont mauvaises.

Certains parents ne supportent pas que l'enfant touche à leurs affaires, craignent toujours qu'il ne détériore leur appartement et ont tendance à le confiner dans son coin ou dans sa chambre. Même s'ils lui laissent là une certaine liberté, il a tôt fait à cet âge de ne plus s'y plaire et de s'y sentir abandonné ou rejeté. En effet, les enfants de 1 à 2 ans sont tendus vers le monde des grandes personnes, ils réclament leur attention, veulent devenir comme elles, aiment partager avec elles.

D'autres parents ont toujours peur que l'enfant se fasse mal, ou fasse des bêtises. Ils sont « sur le dos » de l'enfant et prévoient tout le temps un danger.

> « Lucienne, 2 ans, vient en consultation avec sa mère. Celle-ci se plaint de l'agitation de l'enfant qu'elle traite de « vrai tourbillon » ; elle se plaint aussi de son anorexie. Tandis que nous parlons, Lucienne est invitée à jouer. A chaque instant sa mère lui dit : "Ne touche pas ça, ce n'est pas pour toi." – Lucienne se laisse prendre l'objet des mains sans protester et se précipite sur un autre. Quand Lucienne laisse tomber le biberon, sa mère intervient encore pour le ramasser. Lucienne mordille les jouets, suce une petite pastille, sa mère se précipite : "Voyons, c'est sale, crache vite, tu vas être malade." L'enfant joue avec la porte, l'ouvre puis la ferme soigneusement. Sa mère s'écrie : "Oh ! elle va se pincer les doigts ; arrête Lulu, tu vas te pincer."

« Cette mère craintive court toujours derrière sa fille et Lucienne très vite court de plus en plus vite, grimpe de plus en plus audacieusement, s'agite de plus en plus jusqu'à devenir vraiment, en effet, un "petit tourbillon". Laissée seule avec moi, elle continue à s'agiter ; je remarque que son activité est sans but et que les jouets à peine effleurés sont laissés aussitôt ; mais chaque fois qu'elle touche quelque chose, elle guette ce que je vais dire. Je ne dis rien et bientôt Lucienne s'ennuie. Son amusement, c'est en effet de faire cette course avec maman où Lulu est la plus forte ; mais Lucienne, ce faisant, devient incapable de jouer de façon plus constructive, de s'intéresser à l'activité en soi, de vraiment reconnaître ce qui est ou n'est pas dangereux. »

Il est des parents qui supportent mal le caractère versatile des goûts de l'enfant, son peu de ténacité, qui ne supportent pas qu'il aime mieux déranger que ranger, détruire que construire, qu'il ne termine pas ce qu'il a commencé, qu'il utilise les jouets pour d'autres buts que ceux pour lesquels ils ont été créés.

Toutes ces attitudes des parents citées à titre d'exemples sont défavorables pour l'enfant : il peut soit y résister en devenant, comme Lucienne, hyperactif, désobéissant, « incontrôlable », soit en restant dépendant, apathique et inhibé.

L'alimentation

La bouche demeure un organe de grande importance pendant une bonne partie de cette deuxième année. L'enfant bave encore beaucoup, visiblement avec plaisir ; il est souvent très gourmand, se gorgeant volontiers d'un paquet de friandises ; il continue à aimer « goûter » tout ce qu'il découvre. Quand il est fâché, il exprime sa rage en cherchant à mordre.

Cependant l'alimentation prend une valeur un peu différente. D'une part, l'enfant ne manifeste plus la même joie à voir arriver le repas que deux ou trois mois plus tôt ; son appétit paraît moins vif, devient plus irrégulier. Ceci correspond en partie à un ralentissement de la croissance et à une diminution des besoins nutritifs. D'autre part et surtout il présente vis-à-vis de l'alimentation toute une série d'attitudes au moyen desquelles il exprime sous des formes très variables, et pas toujours faciles à accepter pour la mère, ses désirs naissants d'autonomie.

1. A partir de 12 à 15 mois l'enfant aime mieux jouer que manger ; il a vis-à-vis des aliments la même attitude que vis-à-vis des objets et des jouets. Il aime les toucher, les palper, en mettre partout. Pour lui il ne s'agit pas de saleté mais d'un jeu amusant, plein d'imprévu.

> « Antoine, 17 mois, juché dans sa chaise, prend méticuleusement les bouts de viande ou de légumes, les écrase entre ses doigts, les fourre dans sa bouche, les ressort, les regarde, s'amuse à les jeter et à les regarder tomber à terre ; il aime soulever son assiette ; il la porte tout entière vers son visage, l'écrase contre sa bouche en faisant des vocalises. Il veut prendre sa cuillère ; il la porte maladroitement à la bouche, plus par jeu que pour se nourrir ; il tape la purée avec et la disperse aux quatre coins de l'assiette. Pendant ce temps, semblant l'ignorer, il laisse sa mère le nourrir avec une autre cuillère. Mais soudain il en a assez ; il cherche à se lever, se penche, veut aller à terre. »

2. L'enfant, parallèlement, fait plus attention aux aliments qui lui sont présentés, il fait « son » choix, a des préférences et des dégoûts. C'est l'âge où par exemple il veut, pendant plusieurs jours, exclusivement le même aliment, et rejette tous les autres ; ou encore, il refuse inopinément, de façon absolue, de manger les mets qu'on lui offre, ne cédant ni aux promesses, ni aux menaces, ni aux punitions.

Cette attitude peut correspondre moins à un dégoût réel qu'à un désir passager mais impérieux d'imposer sa volonté et de refuser celle de la mère. Si sa mère ne force pas l'enfant à en manger et lui représente l'aliment quelques jours plus tard, elle peut être toute surprise de le lui voir accepter sans difficultés. Au contraire, le fait d'insister risque de renforcer et de fixer sur l'alimentation le désir de lutte et d'opposition.

3. Parfois c'est par inquiétude qu'est refusé un aliment nouveau. L'inconnu peut en effet être inquiétant avant d'être intéressant et agréable. Au lieu de l'approcher dans un élan de curiosité, l'enfant se détourne et, si on insiste, il repousse la cuillère et l'assiette. Souvent, si on laisse l'aliment à sa portée, sans essayer de le forcer, ni même d'attirer son attention dessus, on le voit s'y intéresser progressivement, faire des approches prudentes pour finir, après quelque temps, par l'adopter et même le chérir tout spécialement.

4. Au plaisir de toucher, de jouer avec les aliments, succède le désir de manger seul (15 à 20 mois). L'enfant refuse énergiquement de se laisser nourrir alors qu'il paraît encore tout à fait incapable de le faire lui-même. Il veut manger avec ses doigts ou bien il s'empare de la cuillère, mais il la retourne

si bien qu'elle arrive à moitié vide à sa bouche. Il faut à la mère des trésors d'ingéniosité et de patience pour supporter tous les dégâts, les limiter et veiller à ce que son enfant soit quand même nourri. Cependant, peu à peu, il progresse et au désir de faire seul succède celui de faire bien.

5. L'enfant de 1 à 2 ans montre souvent de l'intérêt pour les aliments des grandes personnes ; il n'est pas rare, alors qu'il a terminé son repas sans montrer ni grand appétit, ni enthousiasme, qu'il réclame inlassablement la becquée de ses parents quand ceux-ci sont à table : un tout petit morceau de pain, une carotte, un peu de viande. Le repas des « grands » a beaucoup d'attraits pour les petits enfants, comme tout ce qui touche les adultes. Qu'ils en veuillent leur part correspond à cette tendance heureuse à vouloir participer à leur monde, à vouloir être grands. Cela ne veut pas dire pour autant qu'ils soient déjà en âge de le faire. Car si, devant leur désir, on décide de les faire manger à la table familiale, ils ne tardent pas à montrer des signes de lassitude et d'énervement.

> « Tout ce que veut Michel, c'est passer quelques instants sur les genoux de sa mère, prendre quelques bouchées dans son assiette avec sa fourchette. Il aime contempler la table, mais il ne reste pas longtemps ; il se laisse glisser à terre pour aller jouer. Dix minutes plus tard, il fait une nouvelle incursion. Il réclame ces aliments apparemment si délicieux, qui lui font faire la grimace mais qu'il goûte à nouveau courageusement. »

Ainsi l'enfant prend connaissance des moeurs des grandes personnes, adopte leurs aliments ; il désire les imiter, faire comme elles et aussi bien qu'elles.

Il est important de comprendre et de tolérer les besoins d'autonomie de l'enfant dans le domaine alimentaire et de trouver les moyens de leur donner satisfaction si on veut qu'il puisse progresser normalement et évoluer vers une autonomie réelle lui permettant de manger seul et bien et de se conformer au code familial et social.

Cela n'est pas toujours aisé pour les parents, qui sont irrités et incommodés par la saleté, qui craignent toujours que leur enfant ne mange pas assez, qui veulent lui donner d'emblée de bonnes habitudes. Cependant, bien des parents arrivent à être en sympathie avec l'enfant et savent à la fois lui laisser une certaine liberté avec les aliments, l'encourager et le stimuler dans ses progrès sans trop exiger, supportant des périodes de tâtonnements inévitables et ne s'impatientant pas trop de son appétit capricieux.

Si les besoins d'autonomie de l'enfant ne trouvent pas de possibilité d'expression et de satisfaction, il peut refuser de se laisser nourrir et s'enfermer dans une anorexie d'opposition. Il peut, au contraire, renoncer à son désir d'autonomie et continuer à se laisser nourrir passivement. Cependant on le voit faire traîner les repas indéfiniment. Il tire les avantages affectifs de cette situation où sa mère passe de longs moments à s'occuper de lui, à jouer avec lui pour le distraire tout en le faisant manger. Il profite des avantages de la dépendance puisqu'on ne lui permet pas les jeux d'indépendance, mais il perd en même temps tout intérêt pour la nourriture, devenant assez souvent anorexique.

Contrôle sphinctérien et apprentissage de la propreté

Les enfants manifestent de façon fort diverse leurs sentiments vis-à-vis des produits d'élimination, selle et urine, vis-à-vis du pot et de la propreté.

Pour tous, c'est affaire importante. Cela n'est pas neuf. Les enfants perçoivent très tôt le passage des selles et de l'urine. Au moment de la défécation ils sont absorbés, immobiles, deviennent tout rouges. Cependant ils subissent ces fonctions d'élimination passivement.

Autour de 14 à 17 mois, grâce à la maturation neurologique, une nouvelle fonction s'établit : le contrôle sphinctérien ; une nouvelle possibilité naît : celle de pousser ou de retenir, d'expulser ou de garder à volonté la selle puis l'urine.

Comme il le fait de chaque acquisition nouvelle, l'enfant va d'abord utiliser celle-ci pour son plaisir quand, comment et où bon lui semblera. Mais il va rencontrer la volonté maternelle fermement décidée à contrôler son activité en ce domaine. Les interdictions seront plus fortes et plus chargées d'affect qu'elles ne l'ont jamais été. Cette situation déclenche tout un cortège de sentiments et d'attitudes, dont l'évolution favorable est la naissance du désir d'être propre et de faire plaisir à ses parents.

1. L'enfant montre pour ses produits d'élimination le même *intérêt* que pour toutes choses ; il éprouve une curiosité, mêlée parfois d'*inquiétude*, pour ce qu'il peut ainsi émettre, qui sort de lui, qui se sépare de lui et disparaît. Il n'est pas insensible aux sentiments de sa mère vis-à-vis de ces produits pleins d'intérêt, mais qu'elle appelle « sale » et n'a pas toujours l'air de beaucoup apprécier. Pour l'en-

fant la question n'est pas simple car, d'un côté, on insiste pour qu'il aille à la selle, mais, d'un autre côté, ce qu'il émet est taxé de sale ; sa mère le félicite, mais elle jette le produit, lui interdit de le toucher ; s'il fait des approches dans ce sens, son « non » impérieux lui confère peut-être le double sentiment qu'il y a là quelque chose d'enviable mais de dangereux. La propreté, qui pour nous est si naturelle, est tout à fait illogique pour l'esprit enfantin.

> « Dominique vient d'aller sur le pot. Il se lève et regarde ; il se penche, ravi, appelle avec insistance sa mère, prend son pot, le lui porte pour qu'elle admire. Il a l'air de dire : "Regarde ce que j'ai fait, c'est bien hein ? C'est beau !" Sa mère le félicite et vide le pot. Un autre jour Dominique est seul dans la pièce ; il se lève de son pot, en admire le contenu, le transporte aux quatre coins de la pièce en babillant, puis tout à coup, avec vivacité, il le retourne. Il regarde son exploit ; sa mère rentre : Dominique guette ; faut-il rire ou pleurer ? – Maman va-t-elle rire ou gronder ? »

Certaines mères comprennent bien cet intérêt. Elles félicitent l'enfant quand il a émis une selle, même si c'est dans la culotte, admirent avec lui le beau « résultat » ; elles lui permettent et lui apprennent à jeter lui-même le contenu du pot dans les cabinets, dirigeant ses mouvements encore maladroits ; elles lui font tirer la chaîne et font en sorte d'agir avec lui plutôt que malgré, en dehors, ou contre lui. L'enfant en retour imite sa mère et a tôt fait de prendre la même attitude qu'elle : « froncer le nez parce que ça sent mauvais », « montrer du doigt avec un "euh" scandalisé une petite tache demeurée sur le pot ».

2. L'enfant désire avoir le *contrôle* de ses éliminations comme il désire contrôler toutes choses. Là aussi il cherche à se dérober à la volonté et au contrôle de sa mère. Or, celle-ci ne lui en laisse guère la possibilité et apprécie rarement ses initiatives en ce domaine. Elle exige qu'il aille sur le pot alors qu'il n'en a nulle envie et qu'il éprouve au contraire du plaisir à se retenir.

« Paul ne veut jamais rester assis sur le pot. Dès que sa mère le déculotte il se sauve en riant. Sa mère l'attrape au vol et le met dessus ; Paul se soumet sagement et essaye d'oublier en se mettant à jouer avec tout ce qui est à portée de sa main ; puis il découvre le jeu amusant de marcher assis sur le pot et fait ainsi des randonnées autour de la pièce ; quelques minutes après il est assis à terre, le pot renversé derrière lui ; sa mère le traite de coquin et le remet dessus ; imperturbable il attend une ou deux minutes, puis, fièrement, content de lui, il se lève et montre à sa mère le pot... vide. Cette tentative de persuasion échoue. Sa mère fait les gros yeux et le rassied ; elle ne plaisante pas. Paul pleure et proteste. Sa mère reste à côté de lui et l'encourage : "Allons, pousse." Elle lui lit une histoire. Quand elle regarde, toujours rien. Tant pis, pense-t-elle, il n'a sûrement pas besoin. Elle range le pot, remet la couche. Quelques minutes plus tard la couche est sale. »

Que s'est-il passé ? Peut-être Paul n'a-t-il pas encore tout à fait compris ? Peut-être a-t-il peur ? Ou peut-être ne veut-il pas donner cette satisfaction à sa mère, peut-être veut-il garder sa selle pour lui et faire quand il veut et où il veut. Tout cela est sans doute senti plus ou moins confusément par l'enfant.

3. La fonction sphinctérienne est source de grand plaisir pour lui. D'une part, retenir et expulser uri-

nes ou matières s'accompagnent de sensations locales plaisantes. D'autre part, comme on l'a vu, les produits éliminés sont source d'intérêt et de curiosité. Enfin, le fait de pouvoir produire ou retenir à volonté est un autre plaisir.

Si l'enfant sent sa mère contente et en accord avec lui, s'il sent qu'elle apprécie cette capacité nouvelle, c'est-à-dire si elle participe à son plaisir, sa joie en est augmentée. Après s'être intéressé à ses selles, à son urine et aux sensations corporelles, il devient surtout fier de pouvoir être propre, de même qu'il est devenu fier de savoir manger seul. Il utilise ses nouveaux dons pour faire plaisir à sa mère. Il produit une selle pour qu'elle soit contente, de même qu'il se retient pour qu'elle le félicite. Son plaisir n'est plus purement égocentrique et se teinte d'altruisme. Dans ces conditions l'apprentissage de la propreté se fait tout naturellement et les bonnes habitudes sont adoptées aisément et avec joie.

Mais si sa mère, loin d'apprécier la capacité sphinctérienne de l'enfant, s'en irrite, si elle exige trop vite de la propreté, si, loin de montrer de l'appréciation pour ce qui paraît si intéressant à l'enfant, elle ne manifeste que son dégoût, son mécontentement, celui-ci peut devenir très ambivalent vis-à-vis de la fonction sphinctérienne. Aimant toujours le plaisir qu'elle lui procure, mais craignant d'être contrarié dans ses désirs par sa mère, il finit par éprouver le fait d'être propre comme une volonté de sa mère qui s'oppose à son plaisir ; alors il tend à lui résister. Il peut par exemple chercher à se retenir quand elle l'oblige à aller sur le pot.

Toutefois il est inquiet de sentir son opposition. A cette inquiétude se mêle la peur quand la défécation devient un peu douloureuse. L'enfant pleure au moment de l'élimination et la crainte d'avoir mal accroît sa constipation. Ainsi se crée un cercle vicieux, l'enfant étant de plus en plus constipé, les selles de plus en plus douloureuses, et la mère de plus en plus contrariée. Une lutte sourde et obstinée s'organise alors entre mère et enfant.

Les suppositoires, les lavements, font souvent très peur à l'enfant qui peut se sentir attaqué, vaincu et impuissant. Il peut aussi, malgré ses larmes, tirer quelque plaisir de cette bataille entre lui et sa mère où tantôt l'un tantôt l'autre a le dessus. Les séances de pot sont chargées d'affect de part et d'autre : agacement, air soucieux, gronderie de la mère tant que l'enfant retient et s'obstine ; consolation, témoignages d'affection quand il a mal.

De même, si l'enfant a l'impression que sa mère utilise agressivement la propreté contre lui, il peut vouloir à tout prix demeurer sale, utilisant agressivement sa saleté contre sa mère.

Chaque enfant réagit à sa façon devant cette situation. Les sentiments qu'il éprouve, très importants pour lui, orientent son affectivité. Son intérêt, sa curiosité, sa fierté, son désir et son plaisir à contrôler ses sphincters peuvent être encouragés et stimulés par la participation de sa mère. Il peut cependant lui être difficile de comprendre et d'accepter les règles qu'elle lui impose ; s'il montre alors de l'inquiétude, des retenues, de l'ambivalence, de l'obstination, il a besoin d'aide et de sympathie, d'encouragement et de compréhension.

8.

De un à deux ans : sentiments d'opposition

Nous avons montré tous les avantages dont le développement de l'enfant bénéficie quand se trouvent satisfaits ses besoins de dépendance et d'autonomie : capacité d'échanges avec sa mère, capacité à la satisfaire, à être sage, à adopter de bonnes habitudes, à savoir accomplir toutes sortes d'exploits dont mère et enfant sont tous deux fiers et heureux. Cependant l'enfant rencontre forcément quantité de limitations dans la satisfaction de ses désirs.

Sources de frustrations

Nombreuses sont les causes de frustrations à cet âge :

1. Le plus souvent l'enfant ne sait pas très bien reconnaître, ni exprimer, ni satisfaire ses besoins : par exemple, quand il a faim, il ne demande pas à manger, mais sent une tension, devient grognon, insupportable, a toutes sortes d'exigences dont il ne

tire aucune satisfaction si on y répond. Il demande l'impossible, en veut à sa mère. C'est elle qui sait s'il a besoin de manger, ou de dormir. Non seulement lui ne le sait pas, mais il s'y oppose ; il pleure quand sa mère lui apporte son repas ou le couche, ressentant l'intervention maternelle, au premier abord, comme de l'opposition. Sa bonne humeur se rétablit ensuite comme par enchantement sans qu'il ait pris conscience ni de ce qui l'a vraiment fâché, ni de ce qui l'a réconforté.

2. L'ambition de l'enfant se trouve souvent en échec du fait de ses possibilités restreintes. Il veut faire quantité de choses qu'il n'est pas encore capable de faire et lorsqu'il rencontre une impossibilité il en éprouve de la contrariété et de la rage. Il se retourne vers l'adulte pour avoir de l'aide ; si cette aide ne vient pas tout de suite, il est furieux ; il le rend responsable de l'échec. D'ailleurs souvent il veut et ne veut pas cette aide tout à la fois, car c'est vraiment « seul » qu'il entend y arriver. Aussi le voit-on dans un même geste demander l'aide maternelle et se révolter contre elle.

3. Enfin, beaucoup de choses qu'il aimerait faire lui sont interdites : elles sont dangereuses, elles déplaisent à sa mère. Or, l'enfant se heurte à ces interdits et ces limitations dans tous les domaines de son existence : motricité, alimentation, contrôle sphinctérien, dépendance maternelle.

Pour l'enfant qui affectivement dépend si totalement de sa mère, toutes ces limitations qu'elle lui impose sont pénibles ; peu lui importe que ces exigences soient destinées à le protéger et à l'aider, il n'en veut pas, et il sent que c'est sa mère qui les lui impose. De ce fait naissent de violents sentiments d'opposition.

Sentiments et manifestations d'opposition

Pour l'enfant qui souhaite tant partager ses plaisirs avec sa mère, avoir son approbation et sa participation, il y a là une source de déception et de rage.

C'est la première fois qu'il prend pleinement conscience *que sa mère veut lui faire faire des choses qu'il ne veut pas faire, qu'elle ne veut pas le laisser faire ce qu'il veut.*

Il est atteint à la fois dans son désir d'autonomie et dans son désir de participation ; il réagit en cherchant à s'affirmer davantage, à persévérer dans ses désirs propres, et à s'opposer aux désirs d'autrui.

Au début cette opposition a un caractère de jeu ; l'enfant regarde sa mère qui lui dit « non » d'un ton mi-grondeur, mi-sérieux ; il semble renoncer mais, dès que sa mère ne regarde plus, il récidive. Déjà il commence à s'amuser à la narguer, s'essayant à faire ce qui est défendu, guettant sa réaction : on sent qu'il veut que sa mère le voit ; sans doute espère-t-il encore un peu qu'elle rira, cèdera ; mais en même temps son regard est un peu interrogatif ou inquiet car il craint qu'elle ne dise non ou qu'elle ne se fâche.

L'enfant manifeste ce besoin d'opposition de toutes sortes de façons. Il attend que sa mère ne soit pas là, ou simplement qu'elle baisse les yeux ; il montre alors une remarquable célérité à faire le geste interdit. Hélas le plaisir qu'il en obtient est de courte durée ! Ou encore il « nie » l'interdiction : prenant ses désirs pour la réalité, il ignore ce qu'on lui dit et inlassablement retourne, par exemple, à ce cendrier sur lequel il a jeté son dévolu. Ou encore, semblant accepter, il n'en fait pourtant qu'à sa tête. « Bien sagement assis sur le pot, il y reste sans doute, mais pour faire tout, sauf ce qu'on attend de lui. »

Il s'oppose aussi de façon plus franche et le langage lui est là d'un précieux secours. Il sait dire « non » bien avant de dire « oui » et il en use à tous propos.

Il s'oppose par la force et son agilité motrice :

> « Il tourne la tête, serre les lèvres, si on veut le faire manger quand il ne veut pas. Il se fait tout mou et indifférent, ignorant la cuillère ; ou au contraire il se raidit et se débat, remue en tous sens si bien qu'il est presque impossible pour sa mère de le nourrir. »

L'enfant sent cette opposition, mais ne la raisonne pas. Toutes ces manifestations d'opposition ne sont pas délibérées, calculées, réfléchies, mais elles sont la façon dont il manifeste et exprime impulsivement un sentiment qui le domine. Il rencontre ce sentiment à tous propos ; il l'exprime avec force puis, s'il se sent vaincu, avec rage puis désespoir. Pour la première fois, lui qui aime tant sa mère, il éprouve contre elle un violent sentiment d'hostilité.

Hostilité, agressivité et rage

Toutes ces frustrations éprouvées par l'enfant éveillent à la suite de son opposition sa colère et sa rage. Les rages n'expriment pas seulement son désarroi, mais également sa furie contre tout ce qui s'oppose à lui et avant tout contre sa mère. Il y a là à la fois un appel, une recherche de consolation, un refus de céder et une tentative désespérée de dominer. Aux cris les enfants joignent des actes agressifs contre la personne frustrante : ils mordent, battent, donnent des coups de pieds, jettent leurs jouets au loin, s'opposent par la force à ce qu'on veut leur faire faire et en désespoir de cause tapent des pieds et se roulent par terre.

Ils sont effrayés par leur rage et leurs sentiments agressifs, comme en témoigne l'apparition quasi constante à cet âge de peurs, de cauchemars, de terreurs nocturnes. Ils tendent en effet à attribuer à l'opposition qu'ils rencontrent de la part de leurs parents la même violence et la même intensité destructrice que celles qu'ils sentent en eux-mêmes, ceci surtout si, à leurs rages, ces parents réagissent par de la colère, ce qui n'est pas rare.

9.

De un à deux ans : évolution

Ainsi, pendant toute cette période, la relation affective avec la mère est source de grandes joies et de grandes peines.

Les difficultés de cette période, tant pour l'enfant que pour ses parents, viennent du fait qu'il doit, à la fois, arriver à donner satisfaction à ses besoins et supporter des limitations. Il doit de plus satisfaire ses besoins, contradictoires, mais également pressants, de dépendance et d'autonomie.

En effet il a intensément besoin de sa mère : nous avons vu le plaisir qu'il trouve en elle et comment ce plaisir est un facteur de progression. Mais cette dépendance est en même temps limitante, car elle l'oblige à se conformer aux désirs de sa mère pour garder son amour ; or cette obligation est en opposition avec sa volonté naissante et ses désirs d'autonomie. Ces désirs ont également une valeur positive et doivent trouver satisfaction, mais aussi, nous l'avons vu, se heurter à des limitations, si on veut que l'enfant puisse s'adapter à la « réalité », à la « société ».

Enfin, l'opposition, la rage, l'hostilité soulevées en l'enfant par ces frustrations sont très pénibles : elles le menacent dans son besoin d'harmonie avec sa mère et soulèvent en lui la crainte de perdre son amour.

Cette dualité, amour-haine, qui s'affronte en lui est à l'origine de sentiments *d'ambivalence* que l'enfant éprouve vis-à-vis de ses désirs et de ceux de sa mère. Il veut et ne veut pas tout en même temps. Il devient grognon, irritable, insatisfait.

Il comprend très mal tout ce qui se passe en lui et il lui faut du temps pour découvrir comment il peut simultanément se satisfaire et contenter ses parents, comment il peut renoncer à certains plaisirs pour d'autres aussi prometteurs.

L'issue de ces conflits dépend en grande partie de la compréhension et de la tolérance des parents pour l'ensemble des difficultés, de leur capacité à trouver des moyens permettant à l'enfant d'exprimer et de résoudre ses problèmes.

Conditions favorables

Il est des parents qui sentent très bien les besoins de l'enfant de cet âge, qui savent à la fois lui donner les possibilités de les satisfaire, tout en sachant le protéger contre les excès, en lui imposant les limitations nécessaires. Ils savent l'aider à supporter la contrariété qu'il en éprouve. Cette capacité, ils la tirent de leur amour de l'enfant et de l'affinité qu'ils ont pour lui et pour ses problèmes.

1. Ils aiment, par exemple, le voir aller et venir, faire du bruit ; ils s'amusent autant que lui de tous

ses nouveaux exploits qui les ravissent plus qu'ils ne les gênent ; ils sont prêts à profiter de son élan.

Ainsi « Mme D... regarde avec amusement Michel qui sort toutes les bouteilles du garde-manger. "C'est bien", dit-elle, "tu fais le ménage de maman" ; elle sait que ce sera un jeu aussi de les remettre en place. »

« Cependant Michel se lasse et passe à autre chose. Il n'a que 15 mois et sa mère sait qu'il est encore petit. Cependant elle le stimule un peu, le félicite sur le travail accompli, et vient l'aider à ranger le reste. »

« Une autre fois, elle l'appelle et lui propose elle-même un jeu semblable : elle lui montre qu'il faut mettre toutes les bouteilles vides à la porte de la cuisine. Michel est ravi de ce jeu qu'il aime ; il est tout fier d'aider sa mère, d'être pris au sérieux, content d'être avec elle. Non seulement sa mère "tolère" ses besoins, mais en même temps elle sait tirer parti de son intérêt, au début quelque peu perturbateur, et lui indiquer un moyen de leur donner une satisfaction mutuelle. »

2. Dans certains cas l'activité de l'enfant ne convient pas aux parents, mais ils la tolèrent partiellement, sachant qu'elle est de son âge ; ils « permettent », tout en indiquant à l'enfant d'autres plaisirs, de « grand », plus attrayants.

« Ainsi Madame C... ne voit pas d'inconvénient à ce qu'Antoine, à 18 mois, mange son jambon avec ses doigts. Elle s'amuse du plaisir de l'enfant, du sérieux avec lequel il s'applique, de sa méticulosité. Elle le félicite et en même temps pique un petit morceau de jambon sur la fourchette. Antoine le prend avec ses doigts, ne laissant pas approcher la fourchette de sa bouche. Ceci devient un jeu ; puis Antoine à son tour prend la fourchette et essaye de piquer son jambon. »

3. Cependant, tout en tolérant les besoins de l'enfant, les parents savent qu'il est important de lui montrer les limites de cette tolérance, que ce soit pour sa sécurité ou pour leur bien-être personnel que l'enfant doit apprendre à respecter.

> « Michel, 18 mois, aime beaucoup la musique, il sait tourner lui-même, les boutons de la radio ; bientôt ouvrir et fermer la radio devient un jeu plus passionnant que de l'écouter. Quand il est seul en cause, on laisse Michel libre de s'amuser avec les boutons ; mais quand on écoute un programme, Michel, au moment où l'on s'y attend le moins, soudain brouille tout. Son père n'est pas content et lui demande d'arrêter. Michel a compris, paraît accepter l'interdit, mais cinq minutes après il recommence ; cette fois, devant le non catégorique de son père, il pleure, se couche par terre et hurle aussi fort qu'il peut. Personne ne fait attention à lui ; mais, après quelques minutes, sa mère le lève, le mouche, et lui montre un jeu qui l'intéresse. Plus tard, quand le programme est terminé, son père l'appelle pour qu'il tourne lui-même le bouton. »

C'est cette capacité des parents à savoir à la fois « permettre » et « interdire » sans agressivité qui influence le plus l'enfant dans sa propre capacité à savoir renoncer à certains de ses désirs tout en gardant la possibilité de s'affirmer et de se développer. La satisfaction des besoins de l'enfant n'implique pas une « démission » des parents, pas plus que les limitations à son autonomie n'entraînent une « démission » de l'enfant. Satisfaire des besoins n'est pas synonyme de « tout laisser faire ».

4. Il est faux de croire que c'est respecter les besoins de l'enfant que de tout lui céder. Il a au contraire intensément besoin de l'aide de l'adulte pour

apprendre à tolérer les limitations, à renoncer à certains désirs immédiats pour d'autres plus lointains. Car, au fur et à mesure qu'il grandit, il va rencontrer de nouvelles obligations, de nouvelles difficultés affectives qu'il ne pourra affronter que si on l'aide à comprendre la nature de ces premières frustrations, à comprendre qu'elles sont inéluctables et qu'elles peuvent être supportées et dépassées. Mais il a besoin de temps, d'expériences répétées et de l'aide des adultes pour y arriver.

Les interdits sont plus faciles à supporter si, d'une part, ils sont limités à des domaines précis, restreints, constants et intangibles, et si, d'autre part, les parents savent donner satisfaction au besoin de l'enfant sous une autre forme. L'enfant a besoin également de sentir ses parents fermes devant les interdits, sûrs d'eux, mais sympathisants pour sa peine et reconnaissants pour le plaisir qu'il leur fait en renonçant.

Il découvre alors le plaisir d'être gentil ; en même temps il s'aperçoit, avec la répétition des expériences, que certains renoncements sont moins pénibles que la rage et qu'ils apportent d'autres joies.

5. Les parents aident l'enfant en lui donnant des habitudes : rythme de vie régulier, discipline constante, routine de vie bien réglée. L'enfant à cet âge les adopte aisément, bien qu'à l'occasion il se révolte en même temps contre elles. Dans l'ensemble il trouve dans un cadre de vie stable la sécurité du « connu ». La répétition, le rythme régulier lui permettent de prévoir et de découvrir les avantages consécutifs à des désagréments immédiats.

« Michel ne veut pas aller au lit, mais après la sieste il est de bonne humeur et a d'excellents moments de jeux et d'échanges avec sa mère. Sans doute proteste-t-il quand même au moment où elle l'emmène pour le coucher, mais il semble que ce soit plus pour la forme, pour exprimer son mécontentement immédiat. Quand sa mère se retire, ses pleurs diminuent, se transforment en jargon et bientôt on ne l'entend plus, il dort. »

L'enfant aime d'ailleurs à cet âge les habitudes. Il s'en crée lui-même, adopte volontiers des rites et des manies par lesquels il se sent protégé. Il n'admet pas alors la moindre déviation.

« Ce doit être toujours la même personne qui couche Sylviane ; elle doit choisir elle-même son compagnon de lit : l'ours, la poupée, le livre... un chiffon ! Il faut lui raconter une histoire et ensuite elle permet qu'on éteigne à condition qu'on laisse la porte un tout petit peu ouverte. »

L'enfant aime mieux les habitudes qu'il se crée que celles qu'on lui impose. Il accepte d'autant plus facilement celles-ci qu'il peut les prendre à son compte, ou y trouver des satisfactions « habituelles » compensant les désagréments « habituels ».

6. Quel que soit le degré de compréhension, d'habileté, de tolérance, de fermeté des parents, les sentiments d'opposition sont inévitables avec tout leur cortège de désobéissance, d'obstination, de colères. Là aussi les parents peuvent montrer de la sympathie pour les sentiments de l'enfant et une certaine tolérance devant ses manifestations opposantes et agressives.

« Quand Michel fait une rage, sa mère ne s'inquiète pas outre mesure. Elle attend que cela passe. Mais si Michel persiste trop longtemps, s'il semble débordé par sa rage, elle va vers lui et cherche à le calmer, à le « remettre d'aplomb ». Elle le mouche, lui lave le visage, le distrait. Le plus souvent cela suffit, mais il y a des jours où Michel paraît « possédé du démon », il se débat de plus belle ; alors sa mère le prend, lui donne parfois une petite tape, ou le couche, ce qui souvent arrête Michel de façon instantanée. Mais, si elle est énervée, si elle a envie de secouer l'enfant, si elle ne peut plus supporter ses cris et devient agressive, alors les cris de Michel redoublent et il est tout à fait perdu. »

Conditions défavorables.

Cette deuxième année constitue souvent pour les parents une pierre d'achoppement qui devient le point de départ de difficultés sérieuses. Dans les consultations médico-psychologiques on s'aperçoit que les difficultés de rapports entre parents et enfants ont souvent commencé à cet âge.

En effet leur tolérance vis-à-vis des besoins de l'enfant est limitée pour diverses raisons. Tantôt ils sont personnellement gênés par son comportement ; tantôt ils éprouvent de l'inquiétude pour sa sécurité ; tantôt enfin, ignorant ou n'arrivant pas à comprendre qu'il s'agit d'une étape normale de développement, ils n'accordent que peu ou pas de satisfaction aux besoins primordiaux de l'enfant.

Par exemple, une mère ne veut plus porter son enfant de 18 mois parce qu'il est trop grand et qu'il sait marcher. Elle ne voit là que caprice. Une autre, à l'opposé, ne le laisse rien faire seul tant elle a peur qu'il se fasse mal, ou qu'il abîme la maison. Une autre ne lui laisse absolument pas toucher ses aliments, ni la cuillère, craignant les saletés. Ou encore telle mère semble toujours à contretemps : « La couche est-elle propre, elle craint qu'il ne soit constipé ! La couche est-elle sale, elle le gronde car il aurait dû faire dans le pot ! »

Dans tous ces cas l'enfant est frustré dans un désir qui lui est essentiel : celui de sentir le plaisir de sa mère vis-à-vis de la satisfaction de ses besoins.

Dans ces conditions son désir de faire plaisir s'éteint, alors que s'intensifient au contraire ses sentiments intérieurs de rage et d'opposition. Mais là aussi, assez souvent, les parents ne comprennent pas et n'admettent pas son agressivité. Ils ont horreur des cris. Ils considèrent que les rages sont répréhensibles ; ils cherchent à étouffer d'emblée toutes ses tendances « mauvaises » avant qu'elles ne se développent. Ils veulent tout de suite un enfant qui obéit.

Ils se fâchent après lui, crient, le menacent, le punissent. L'enfant, apeuré, rentre alors sa colère ; mais il risque, si on ne lui permet pas de manifester son mécontentement par de l'agressivité, de recourir à d'autres mécanismes, peut-être moins gênants dans l'immédiat, mais qui entravent son développement et mutilent sa personnalité.

A l'opposé il y a des parents qui manifestent leur intolérance de la rage de l'enfant en y cédant dès qu'elle se manifeste afin de l'éviter, lui donnant ainsi une confirmation de sa puissance, ne lui permettant jamais de supporter des frustrations. Ces parents démissionnent et cèdent, laissant tout faire à l'enfant qu'ils ont peur de contrarier. Certains passent d'une attitude à l'autre, se désespérant que rien ne serve à rien : « Qu'on soit gentil, qu'on lui cède, ou qu'on soit sévère, il est toujours aussi insupportable ! »

Les parents peuvent adopter ces façons d'être dans tous les cas, ou seulement à l'occasion d'un problème précis qu'ils tolèrent spécialement mal (alimentation, agressivité, propreté, etc.).

Quoi qu'il en soit, toutes ces attitudes défavorables sont nocives pour les enfants. Les uns réagissent par des réactions de démission : ils ne s'épanouissent pas, sont inhibés : enfants maladifs, craintifs, restant dans les jupes de leur mère, insatisfaits et grognons ou, au contraire, hypersages, ne faisant aucune bêtise certes, mais n'ayant aucun vrai plaisir en dehors de celui de se soumettre à la volonté de leurs parents – ces enfants sont peu sociables, souvent anorexiques et constipés. Leurs sentiments demeurent très ambivalents : leurs marques d'affection et de sagesse sont motivées autant sinon plus par la crainte que par l'amour.

Les autres, à l'opposé, réagissent par des réactions de protestation, une recrudescence de leur opposition. Ils veulent à tout prix être les plus forts et résistent à toute discipline. Ils semblent tirer plaisir des punitions, les provoquent. Ils investissent leur plaisir dans cette lutte tandis que leurs désirs de faire plaisir ne naissent pas ou restent atrophiés. Ces enfants sont constamment dans un état de profonde insécurité, leurs besoins de dépendance ne trouvant aucune satisfaction, et cette insécurité engendre à son tour peur et agressivité.

Conclusions

Cette dernière année est d'importance cruciale pour le développement affectif, comme on le voit, selon que les parents pourront ou non connaître, comprendre, et donner satisfaction à l'enfant :

– dans ses besoins naissants d'activité et d'autonomie ;
– dans son besoin d'exprimer son désarroi devant les frustrations et son opposition devant les interdits ;
– dans son besoin d'être protégé et contrôlé par une attitude ferme sachant imposer des habitudes et des limitations, favorisant son adaptation au réel.

L'enfant en retour pourra ou non acquérir le fondement des qualités primordiales *d'adaptativité* :

1. la confiance en soi, le goût de l'activité et de l'indépendance, les notions de « je veux » et « je peux » ;

2. la possibilité de renoncer pour l'autre, d'accepter que l'amour soit un échange où chacun donne et reçoit, et de développer des sentiments d'altruisme et de coopération ;

3. la possibilité de supporter des frustrations immédiates pour des compensations lointaines.

L'acquisition de ces capacités est indispensable à l'enfant pour surmonter avec succès les difficultés de la situation affective complexe à laquelle il sera exposé pendant les années suivantes.

10.

Les relations sociales de l'enfant de 0 à 2 ans

Jusqu'à présent, nous avons parlé de l'enfant et de sa mère. En effet, dans beaucoup de familles, jusqu'à cet âge la mère est le personnage central autour duquel gravite l'enfant et avec lequel il établit un lien étroit de dépendance.

En dehors de ce lien, l'enfant a des rapports avec d'autres personnes : son père, ses frères et soeurs, divers membres de son entourage et parfois des visiteurs inconnus.

L'importance et la place de ces rapports dans la vie de l'enfant de 0 à 2 ans varie beaucoup d'une famille à l'autre ; elles dépendent du nombre de personnes habitant le même foyer, de la façon dont elles s'occupent de l'enfant, de la vie sociale plus ou moins développée que mènent les parents.

L'enfant établit des relations multiples et diverses, mais elles gardent toujours, jusqu'à l'âge de 18 mois ou 2 ans, le caractère de relations à deux : il ne perçoit pas encore la relation des autres personnes entre elles et n'en est pas encore affecté.

Schématiquement on pourrait représenter la vie sociale de l'enfant de 0 à 2 ans de la façon suivante :

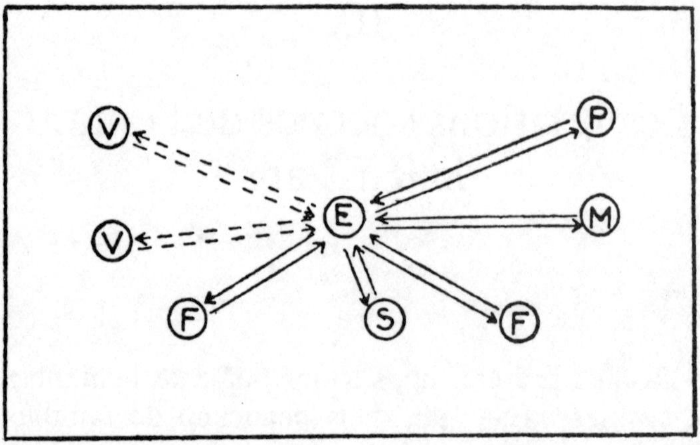

——▶ indique un lien permanent avec les personnes habitant au foyer ou y venant très souvent (P. : père ; M. : mère ; G.-P. : grand-parents ; F.S. : frère ou soeur).

.........▶ lien occasionnel avec visiteur V.

Nous verrons, pour commencer, les relations de l'enfant avec les visiteurs, adultes inconnus ou peu connus de lui, réservant pour un autre chapitre les relations de l'enfant avec les familiers de la maison.

Relations avec des adultes jusque là inconnus

Pendant les premières semaines, le bébé se laisse prendre par n'importe qui. Pourtant, assez vite, il peut percevoir les différences.

Tel enfant, habitué à boire avec sa mère, refuse le biberon qu'une amie complaisante veut lui donner ; tel autre boit plus lentement ou plus vite. Un autre encore, confié à une grand-mère pour la journée, dort mal et pleure plus qu'à l'habitude.

> « Françoise, 3 mois, fait une réaction nette de détresse à son entrée en pouponnière : elle pleure beaucoup tandis que l'infirmière la change et la lange, se calme instantanément lorsque sa mère se substitue à l'infirmière. Alors qu'elle était tout sourire et très éveillée chez elle, pendant les deux premiers jours les infirmières n'arrivent à obtenir que quelques rares et pauvres sourires ; elle a une expression morne et peu expressive. Après quelques jours elle retrouve son entrain et s'attache progressivement à son infirmière. »

En effet, il semble que l'enfant de cet âge puisse manifester une détresse au moment du changement ; mais il s'habitue cependant assez vite à une nouvelle personne qui remplit auprès de lui le rôle de mère.

Puis, comme il vieillit, la répétition des expériences de tétée, de pouponnage, de stimuli divers, tend à développer entre lui et sa mère un lien auquel il attache de plus en plus de prix à mesure qu'il en acquiert une connaissance plus précise et plus consciente.

Concurremment, ce lien devient plus exclusif et la tolérance de l'enfant vis-à-vis des étrangers diminue. Il supporte de moins en moins les soins d'une personne inconnue et a tendance à les refuser avec de plus en plus de vigueur.

Après 6 mois

Dès l'âge de six mois en effet – parfois plus tard, entre 8 et 10 mois –, l'enfant n'accepte plus immédiatement les avances d'une personne inconnue et peut montrer des signes d'étonnement, de curiosité et de frayeur, se traduisant par une expression plus sérieuse et étonnée, un regard inquisiteur, des pleurs, des réactions de détournement.

« Michel, 6 mois, fond brusquement en larmes quand une amie de la maison habillée en noir se penche au-dessus de son berceau pour le regarder. »

« Jean-Pierre, 6 mois, scrute longtemps avec sérieux un visage inconnu alors qu'il sourit instantanément au visage de sa mère ou de sa grand-mère. »

Ces réactions deviennent plus franches entre 8 et 15 mois et se prolongent souvent jusqu'à 2 ans ou 2 ans et demi.

L'enfant se réfugie dans les bras de sa mère, se cache le visage dans son cou, détourne la tête ; puis il contemple avec un intérêt dubitatif, mitigé de crainte, le visiteur jusqu'à ce que, encouragé par sa mère et par le sourire de l'autre, il se décide à sourire et parfois à tendre une main. Selon qu'il est plus ou moins habitué à voir du monde, il établit plus ou moins vite des relations de jeu avec un étranger et finit, après un temps variable d'un enfant à l'autre, par adopter le nouveau venu et éprouver beaucoup de plaisir à jouer avec lui tant que sa mère reste présente.

« A 14 mois, lorsque Michel voit arriver une tante qu'il ne voit pas souvent, il s'enfuit, s'accroche et se cache derrière les jupes de sa mère ; chaque fois que sa tante le regarde, il détourne la tête et, si elle s'approche, il est pris de panique et se réfugie en criant "non, non" dans les bras maternels.

Un peu plus tard, des genoux de sa mère, Michel la regarde avec intérêt. De son poste d'observation il paraît plus assuré et il accepte en souriant un jouet qu'elle lui a apporté. Après une heure ou deux, ils ont l'air très amis et tous deux jouent à terre. Mais sa mère sort de la pièce ; alors, de nouveau, il est saisi de panique et se met à hurler.

A 18 mois, alors qu'il n'a pas vu cette tante depuis plusieurs mois, son accueil est toujours négatif, mais il est plus téméraire et, du haut de ses 80 centimètres, jetant un regard fulgurant, le poing en l'air, il crie : "Va-t'en." – Par contre, il s'apprivoise plus vite et, si on le laisse aller à son rythme, au bout de quelques heures il fait lui-même les avances : "Viens, assis là", dit-il montrant le tapis où sont les jouets. »

L'enfant de 1 à 2 ans peut être très sociable une fois surmontée la terreur initiale ; il tire grand plaisir et profite de ces relations de jeu qu'il établit avec les visiteurs et il peut même arriver à jouer avec eux plusieurs heures en l'absence de sa mère.

Mais toutes ces relations gardent le caractère de relations de jeu ; entre 1 et 2 ans l'enfant n'accepte pas de recevoir de soins intimes de ces personnes ; il refuse par exemple de manger avec elles, ou de se laisser baigner par elles. Si, au milieu du jeu, l'enfant s'étant fait mal, elles cherchent à le consoler, il ne se laisse pas faire ; loin de se calmer, il crie plus fort encore, alors que, l'instant d'avant, il jouait avec enthousiasme et paraissait parfaitement confiant. Il ne se laisse réconforter que par les bras maternels qui le calment comme par enchantement.

Facteurs qui influencent la sociabilité de l'enfant

La qualité des relations sociales que l'enfant va établir dépend de ses conditions de vie, de la fréquence des occasions qui lui sont données. Elles dépendent beaucoup aussi de l'attitude de la mère.

Une mère peut aider son bébé à affronter les étrangers, à aimer les habitués de la maison.

> « Sylvie, 6 mois, se met à pleurer à la vue du visage inconnu d'une amie de ses parents. Sa mère s'approche, lui prend la main, lui parle. Sylvie sourit, puis, à nouveau, s'inquiète, se met à pleurer. Sa mère la prend et, la protégeant ainsi, regarde avec elle la personne étrangère. Sylvie rassurée ne tarde pas à la regarder sans pleurer, puis à sourire ; elle accepte même un début de jeu. Posée sur le lit par sa mère qui s'est éloignée, elle peut profiter des jouets donnés par cette personne qu'elle ne connaît pas, mais se remet à pleurer lorsque cette dernière la soulève. Sa mère prend calmement Sylvie, la console un instant. »

Ainsi Madame G... aide sa fille ; elle va avec elle à la rencontre de l'adulte inconnu, l'amène lentement, en suivant le rythme de l'enfant, à un contact plus intime, puis se retire doucement, l'amenant à affronter seul l'inconnu, mais lui accorde son secours quand elle paraît à nouveau inquiète.

Sylvie aidée par sa mère surmonte jusqu'à un certain point son désarroi et ne se sent pas « menacée » par les étrangers.

D'autres femmes savent moins bien aider leur enfant à affronter les adultes nouveaux. Elles sont vexées, par exemple, que l'enfant ne se montre pas sous son jour le plus aimable et veulent à tout prix le forcer à sourire, à tendre la main, à embrasser.

D'autres, à l'opposé, n'insistent pas et, prévoyant les pleurs de l'enfant, évitent de l'exposer à des visites qui le font pleurer.

> « Claire, 5 mois, réveillée dans son lit, regarde avec une expression inquiète l'entrée d'une vieille dame inconnue. Lorsque celle-ci se penche au-dessus du berceau, Claire fait la moue puis se met à pleurer. Sa mère discute avec l'amie : "C'est peut-être ton fichu sur la tête qui lui fait peur." – Les deux femmes parlent quelques instants ainsi puis se retirent pour ne plus faire pleurer l'enfant. »

Claire cesse de pleurer aussitôt – mais qu'a-t-elle appris ?

Or l'enfant a tout à gagner à apprendre à surmonter une frayeur qui lui est pénible, pour profiter d'une relation de jeu dont il peut tirer au contraire beaucoup de plaisir. En effet les visiteurs sont souvent très disponibles pour jouer avec lui et lui apportent des plaisirs différents de ceux que lui offre sa mère. L'enfant peut pendant ce temps laisser sa mère « libre » et apprendre, sans même s'en rendre compte, à se passer un peu d'elle.

11.

Relations avec les familiers de la maison

Rapports père-enfant

Parmi les personnages avec qui le bébé établit un rapport permanent pendant ces deux premières années, le père joue un rôle majeur, bien que variable selon le degré d'attention qu'il donne à l'enfant.

Comme pour toute autre personne, l'enfant ne peut le connaître et établir de rapports avec lui que dans la mesure où le père établit ce rapport lui-même. Ces rapports varient beaucoup d'une famille à l'autre.

Il est des pères qui d'emblée s'intéressent au bébé ; non seulement ils le regardent, le portent, le « chahutent », mais ils tiennent à partager avec leur femme les soins : pouponnage, change, biberon. Ils établissent alors avec l'enfant un rapport étroit ; celui-ci reconnaît vite son père et le différencie des étrangers.

> « Jean-Pierre, 4 mois, a le même plaisir avec père et mère ; son père n'est que quelques heures à la

maison, mais s'en occupe : il le regarde, le prend, lui fait de la musique, siffle. Quand père et mère sont près de l'enfant, il n'y a guère de différence dans ses réactions vis-à-vis de l'un ou de l'autre et son plaisir avec chacun paraît égal et de qualité très semblable : mêmes sourires et regards, qui par contre diffèrent tout à fait s'ils sont adressés à un étranger. »

Parfois, dès cet âge, l'enfant différencie nettement son père de sa mère, établissant avec chacun de ses parents des rapports un peu différents.

« Maurice, à 4 mois, est avec son père sérieux, attentif, lui fait des sourires polis et assez vite lui réserve tout son gazouillis. Avec sa mère, il est plus joyeux, plus intense, plus prodigue en sourires, mais il ne gazouille jamais. »

« Michel, lui, a avec son père, à l'âge de 4 mois, un rapport qu'il n'a avec personne d'autre : seul son père attire sur son visage cette expression de joie et de complicité dans le bonheur ; il met en oeuvre, pour son père, tout son répertoire : vocalise, sourires, exploits moteurs, excitation. »

Cela ne se produit, bien entendu, que lorsque le père aime les tout-petits, s'y intéresse activement, aime jouer avec eux, s'en occupe. Une image paternelle émerge alors peu à peu de la conscience de l'enfant comme a émergé une image maternelle, se distinguant d'elle au fur et à mesure qu'il perçoit la différence, tirant des sensations diverses de chacun de ses parents.

Plus l'enfant grandit, plus il établit une relation spécifique avec son père. Entre 1 et 2 ans, ce rapport est bien établi. Le plus souvent le retour du père est un moment attendu : l'enfant trouve auprès de lui des plaisirs qu'il n'a pas avec sa mère, quand il le fait sauter en l'air ou lui montre mille petits jeux. Le père est d'autant mieux accueilli que la mère n'est souvent plus très disponible en cette fin de journée. Elle a hâte de terminer la toilette de l'enfant, le repas du soir, de le coucher, alors que le père lui enseigne au contraire un contact et de nouvelles distractions.

L'importance du père à cet âge varie énormément en fonction de la place qu'il veut ou peut prendre.

Conditions favorables

L'image que l'enfant se bâtit de son père dépend beaucoup en effet des sentiments et des attitudes de celui-ci et de la façon dont sa mère réagit à leur égard. Elle dépend de la personnalité de chacun des parents, de la qualité de leurs rapports et de la façon dont l'enfant s'y sent inclus ou exclu.

Il y a des pères qui ont un rapport aussi, sinon plus, intense et tendre avec leur enfant que la mère. Ils ont souvent plus de sympathie et d'affinité pour les besoins moteurs et le désir d'activité et d'autonomie de l'enfant ; ils le stimulent davantage, sont plus patients, moins peureux que leur femme, apprécient et encouragent les hardiesses.

D'autre part la mère est heureuse de ce rapport naissant entre son mari et son enfant. Elle tend elle-même à le développer par la façon dont elle inclut l'enfant dans les rapports qu'elle a avec son mari. Elle lui parle de son père dans la journée, le mentionnant à l'occasion des activités diverses : « Papa sera content. » – « Papa fera ça pour toi ; ça, tu sais, les mamans ne savent pas le faire ! » Elle attend impatiemment son mari, se réjouit par avance avec l'enfant du retour de son père : « Tiens, dans cinq minutes Papa sera là ! On va se dépêcher, on va lui faire une surprise ! » Et quand le père rentre, elle sait l'intéresser à l'enfant en lui racontant et lui montrant tous les hauts faits de la journée. Puis, tandis qu'elle termine les préparatifs du dîner, père et enfant jouent tous deux jusqu'au moment où, souvent ensemble, les parents couchent l'enfant et lui disent bonsoir.

L'enfant établit alors une excellente relation à deux avec chacun de ses parents, prélude indispensable d'une relation à « trois » qui se développera lorsqu'il aura pris conscience des sentiments qui unissent les parents entre eux.

Pour qu'il en soit ainsi encore faut-il, comme on le voit, que le père aime son enfant, qu'il soit accessible à ses besoins et prêt à avoir avec lui un échange ; que père et mère soient d'accord sur la façon de l'élever, et qu'ils supportent tous deux l'intrusion de l'enfant dans leur intimité.

Conditions défavorables

Il y a par contre des pères qui ne s'intéressent pas aussi activement à leur enfant. Ils pensent qu'ils sont contents de l'avoir, qu'ils l'aiment, mais en fait ils n'ont pas d'échange réel avec lui. Ils semblent considérer qu'il est à leur femme, que c'est son affaire à elle ; ils s'en remettent à elle, la laissent faire, se contentent d'approuver ou de blâmer sa trop grande indulgence ou ses exigences excessives.

Parfois ils n'interviennent que pour donner un coup de main qui leur paraît plus ou moins fastidieux, pendant que leur femme est occupée. Assez souvent ils se contentent de jouer un rôle de gendarme, cherchant surtout à affirmer auprès de l'enfant leur propre autorité. Peu réceptifs à ses besoins, les ignorant, ils cherchent, semble-t-il, à prouver leur force en exigeant très vite qu'il soit sage, ne pleure pas, ne fasse pas de bruit, aille se coucher à l'heure, mange de tout, etc.

Un tel père supporte souvent mal la réceptivité de sa femme aux besoins de l'enfant. Il la considère comme de l'indulgence ou de la faiblesse. Il peut avoir une action inhibante sur elle par les reproches qu'il lui fait et par les punitions qu'il inflige à l'enfant. La mère peut chercher à protéger celui-ci en évitant les frictions entre lui et son père. Elle peut, par exemple, essayer de le rendre sage à tout prix, le coucher avant le retour de son père. Mais ainsi elle ne permet pas aux rapports entre père et enfant de s'établir et de se développer.

C'est parfois la mère qui enferme le père dans ce rôle de gendarme ; ne venant pas à bout de l'enfant en l'absence du mari, elle menace : « Tu vas voir quand papa reviendra. » – « Attends un peu que je le dise à papa. » Ou encore, au milieu d'une colère : « Je crois bien que j'entends papa ! » Et de fait, quand son père rentre, l'enfant file doux car il a peur de sa grosse voix, de sa force physique et de son autorité.

Pour l'enfant, la mère risque de devenir alors la personne que l'on aime parce qu'elle est tendre, indulgente, ou encore une personne faible, impuissante, dont on peut abuser, tandis qu'à l'opposé le père devient un personnage fort et redoutable, voire méchant, de qui on peut craindre un châtiment. C'est ainsi que lui apparaît la différence dès sexes et cette façon de l'éprouver n'est pas sans inconvénient, comme nous le verrons pour le déroulement des conflits de la période suivante.

Parfois, les parents sont tous deux fatigués, agacés par l'enfant qui fait intrusion et trouble leur intimité. Dans ces cas, père et mère ont hâte qu'il soit couché, qu'on ne l'entende plus ; ils le confient aux grands-parents les jours fériés, si bien qu'il ne peut plus se sentir accueilli, peut même se sentir exclu, et, dans la mesure où ceci se produit quand son père est là, il finit par trouver sa présence indésirable.

Parfois le père éprouve davantage que la mère cette impression de perte d'intimité. Il peut reprocher à sa femme de trop se consacrer à l'enfant. Il peut le sentir sans le lui reprocher, mais se retirer, s'enfermer dans son journal, se consacrer davantage à son travail. Sa femme a le sentiment qu'il s'éloigne d'elle. L'enfant au lieu de les rapprocher semble les éloigner l'un de l'autre. Ils en sont plus ou moins conscients et réagissent par une certaine mauvaise humeur qui se répercute forcément sur l'enfant et qui est associée, à ses yeux, à la présence de son père.

Comme on le voit, c'est une tâche importante, mais parfois difficile pour les jeunes époux, que d'être à la fois disponibles à leurs enfants et à leur conjoint, de savoir répondre aux besoins des uns et des autres sans sacrifier personne, et de savoir créer un climat émotionnel dans lequel père, mère et enfants soient heureux d'être ensemble.

Chacun des parents, selon son attitude, selon son degré d'affinité pour l'enfant, selon la conception qu'il a de son rôle, peut rendre cette tâche plus ou moins aisée.

Relations de l'enfant avec les autres familiers de la maison

Assez souvent, dans notre société, ce n'est pas la mère exclusivement qui s'occupe de l'enfant. Parfois une grand-mère, une tante, vit au foyer et s'occupe assez largement de lui.

Comme avec son père, il peut établir un rapport intime avec cet autre adulte, distinct de celui qu'il établit avec sa mère et avec son père. L'enfant de 1 à 2 ans peut avoir des rapports de qualité et d'intensité variables avec diverses personnes. Toutes celles de son entourage immédiat qui s'occupent de lui, quel que soit leur âge ou leur sexe, sont pour lui un « autre » dont il dépend pour obtenir ou non ce qu'il veut, qui est plus ou moins donnant ou frustrant, qui apporte plus ou moins de joie, de satisfaction ou de contrariété.

La place que l'enfant de cet âge donne à la mère dans ces relations multiples dépend forcément de l'importance de son rôle auprès de lui.

Il serait intéressant d'étudier de plus près ce que ces « mères » multiples représentent pour l'enfant, dans quelle mesure cette expérience est enrichissante ou appauvrissante pour lui, quels sont ses avantages et ses inconvénients. Les avis émis jusqu'alors à ce sujet sont partagés et empreints de subjectivisme. Il semble que, sur le moment, les bébés supportent bien les relations de type maternel avec plusieurs personnes à la fois.

Il est des cas, cependant, où ces relations multiples deviennent, même à cet âge, difficiles pour l'enfant. Ceci se produit lorsqu'une mère qui, par exemple, travaille ne supporte pas les liens qu'il noue avec d'autres femmes qu'elle ; elle se sent dépossédée par elles, et désertée par l'enfant qui leur témoigne de l'affection. De son côté, la personne qui s'occupe de l'enfant a tendance à sentir qu'elle le connaît mieux, qu'il lui appartient davantage puisqu'elle en a la responsabilité. Elle peut souffrir de sentir qu'il n'est pas à elle alors qu'elle l'aime et le comprend autant que s'il était sien. Tout ceci lui donne le sentiment d'avoir des droits sur l'enfant et sur la mère à qui, par surcroît, elle rend service. Ce genre de situation existe assez fréquemment entre mère et grand-mère, entre mère et tante, que la mère travaille ou ne travaille pas. Elle entraîne des conflits de rivalité au sujet de l'enfant ; celui-ci en souffre – cette rivalité s'exprimant tantôt par des attitudes exagérément possessives, tantôt par une certaine agressivité vis-à-vis de lui, et souvent simultanément par l'une et l'autre attitudes. Il y a là un problème délicat à manier et à supporter tant pour la mère que pour la personne qui s'occupe de l'enfant.

Il arrive que l'enfant, au lieu d'être élevé chez lui, soit élevé dans un autre foyer ; dans ce cas, jusqu'à l'âge de 2 ans, la vraie mère pour lui est la nourrice, sa mère n'étant qu'une visiteuse qu'il connaît d'autant mieux que les visites sont plus fréquentes et plus agréables. Plus tard seulement, il comprendra qui est sa vraie mère ; et cela soulève forcément en lui des sentiments variés, souvent conflictuels, mais surmontables dans la mesure où il ne percevra pas de rivalité entre ses deux mères et où il pourra s'attacher à sa nouvelle mère sans avoir à oublier l'autre.

Conclusion

Alors que la maturation neurologique met à la disposition de l'enfant des mécanismes de plus en plus perfectionnés avec lesquels il peut agir : coordination sensori-motrice, développement des facultés intellectuelles, son affectivité constitue la « force » qui anime et oriente son comportement. Pendant la première année l'interdépendance entre ces deux domaines est si totale qu'il est impossible de décrire l'un sans l'autre.

C'est un lieu commun que de rappeler que l'impuissance de l'enfant à la naissance, due à son immaturité organique, est responsable de son état de dépendance vis-à-vis de sa mère. De cet état de dépendance naît puis se développe l'affectivité.

Quel chemin l'enfant parcourt entre le moment où, à la naissance, il ne sait distinguer que le plaisir glouton de la tétée, l'angoisse du malaise, et l'époque où nous le quittons, où l'emporte sur le plaisir de la satisfaction immédiate de ses impulsions le plaisir de contenter sa mère !

Sa capacité affective s'est accrue ; sa possibilité d'aimer s'est épanouie ; ses qualités fondamentales d'adaptativité se sont développées. Déjà il a appris à partiellement dominer certaines frustrations ; il ne les éprouve plus comme une menace d'anéantissement, il cherche à s'en défendre. Il s'y oppose, s'affirmant, découvrant sa force, ses capacités, qu'il commence à utiliser de façon autonome pour lutter, trouvant des compromis avec l'aide de sa mère.

Cependant, l'enfant ne peut faire ces acquisitions que s'il est en sécurité, c'est-à-dire si ses besoins fondamentaux sont satisfaits. Pendant ces deux années il est, à cet égard, totalement dépendant de ses parents et spécialement de sa mère. C'est elle qui lui apporte ou non, à travers ses soins et le climat émotionnel qu'elle crée autour de lui, les sentiments de satisfaction et de plénitude dont il ne peut se passer. Ce sont ces sentiments qui lui permettent de supporter et de dépasser les frustrations qu'il subit inévitablement. C'est ainsi que ses besoins se transforment et qu'il peut abandonner des plaisirs primitifs pour des plaisirs plus évolués.

Ces acquisitions, l'enfant en a un besoin indispensable pour aborder fructueusement les conflits affectifs qui vont apparaître avec l'éclosion de la sexualité.

Orientation bibliographique

APPEL (C.), DAVID (M.), DE TRUCHIS (C.), « Enfants confiés », in *L'Enfant et sa santé*, p. 517-547. Ed. Doin 1987, Paris.

BETTELHEIM (B.), *La forteresse vide*, Paris, Gallimard, 1969.

BOWLBY (J.), *Soins maternels et santé mentale*, Genève, O.M.S., 1954.

Attachement et perte..., Paris, P.U.F., 1977.

BOWER (T.G.R.), *Le développement psychologique de la première enfance*, Bruxelles, Ed. Pierre Mardaga, 1978 (Trad.).

BRAZELTON (T.B.), CRAMER (B.), KRULER (L.), SOULE (M.), *La dynamique du nourrisson*, Paris, E.S.F., 1982.

DAVID (M.), in *Séparations de la Naissance à la Mort*, p. 29-49, E.P.E. Privat, 1976, Toulouse.

DAVID (M.), APPELL (G.), *Loczy ou le Maternage insolite*, Paris, CEMEA, Scarabée, 1973.

DE AJURRIAGUERRA (J.), *Psychopathologie de l'enfant*, Paris, Masson, 1984.

DELWAY (R.), *Bébés / Mères en révolte. Traitement psychanalytique conjoints de déséquilibres psychosomatiques précoces*, Paris, Païdos, Le Centurion, 1983.

DOLTO (F.), « La dynamique des pulsions et les réactions dites de jalousie à la naissance du puîné », in *Au jeu du désir*, Paris, Le Seuil, 1981.

« Objets transitionnels », in *L'Image inconsciente du corps*, Paris, Le Seuil, 1984.

KOUPERNIK (C.), DARLLY (R.), *Développement neuro-psychique du nourrisson*, P.U.F., 1969.

KRUSLER (L.), FAIN (M.), SOULE (M.), *L'enfant et son corps*, Paris, P.U.F., 1974.

LEBOVICI (S.), *Le nourrisson, la mère et le psychanalyste. Les interactions précoces*, Païdos, Le Centurion, 1983.

LEBOVICI (S.), SOULE (M.), *La connaissance de l'enfant par la psychanalyse*, Paris, P.U.F., col. Le fil rouge, 1977.

LEZINE (I.), *Propos sur le jeune enfant*, Ed. Mame, 1974.

MAHLER (M.S.), PINE (F.), BERGMAN (A.), *La naissance psychologique de l'être humain*, 368 p., Ed. Payot (Trad.), Paris.

OUVRAGE COLLECTIF, *Les modes de garde des enfants de 0 à 3 ans*, 130 p., 1972, E.S.F., 5e édition mise à jour 1986.

PIKLER (E.), *Se mouvoir en liberté dès le premier âge*, 172 p., P.U.F., 1979, Paris (trad.).

ROBERTSON (J.) et (J.), *Un bébé dans sa famille : aimer et être aimé*, Paris, E.S.F., 1982 (trad.).

SPITZ (R.A.), *De la naissance à la parole*, Paris, P.U.F., 1968.

STERN (D.N.), *Le monde interpersonnel du nourrisson.* P.U.F., Le Fil Rouge, 1989 (Trad. Basic Books 1985).

WINNICOTT (D.), *L'enfant et sa mère*, Paris, Petite bibliothèque Payot.

L'enfant et sa famille, Paris, Petite bibliothèque Payot, 1975.

« La première année de la vie » et « La préoccupation maternelle primaire », in *De la pédiatrie à la psychanalyse*, Paris, Payot 1969.

L'enfant et le monde extérieur, P.B. Payot 1975.

Jeu et réalité, Paris, Gallimard, 1975.

Processus de maturation chez l'enfant, Paris, Petit bibliothèque Payot, 1978.

Index thématique

Impressions DUMAS
42100 SAINT-ÉTIENNE
Dépôt légal de la première édition : 1960
Dépôt légal : octobre 1994
N° d'imprimeur : 32053
Imprimé en France